心理
マーケティング
100の法則

MARKETING PSYCHOLOGY

お客様の無意識に語りかける
心のコミュニケーション技法

ファーストアドバンテージ代表取締役
酒井とし夫
TOSHIO SAKAI

日本能率協会マネジメントセンター

はじめに
　——人の心理がわかれば、ビジネスの仕方もわかる

　たとえ、あなたがどんな商品やサービスを扱っていても商売にはたったひとつの共通項があります。それは何だと思いますか？

　それは……お客様は人である、ということ。
　そして、人は心で好き嫌いを判断して、心で買う買わないを決めます。買う理由を頭で考えるのはその後です。

　そのため、人の心を理解したうえでセールスや広告、販促活動を行うと、どんな業界・業種でもほとんどコストをかけずに集客増や売上増につながります。

　たとえば、私は年間に日本全国から100件以上の講演依頼を受けていますが、講演会では司会者が次のように私のことを紹介してくれます。

　今日はすごい講師にお越し頂きました。
　ビジネス心理学の分野に詳しく、北海道から九州まで年間100本の講演依頼を受ける人気講師・酒井とし夫さんです。
　酒井さんは1962年4月生まれで新潟在住。寅年のB型。立教大学社会学部卒業後、広告代理店に入社。28歳の時に東京都新宿区で独立し広告制作、モデル派遣、撮影ディレクション、アイデア商品販売、キャラクターグッズ販売、露天商、パソコン家庭

教師派遣事業、パソコン教室、インターネット通販、コンサルティング事業等数々のビジネスを立ち上げてきました。
　出版書籍は世界一のアマゾン書店マーケティング部門で第1位を獲得し、雑誌「プレジデント」やフジテレビの「とくダネ」でも紹介された人気講師です。それでは、酒井さん、お願いいたします。

　この紹介を聞くとなんだかとてもすごい講師のように思えませんか？
　実は、この講師紹介原稿は人間心理を考慮して私自身が作成したものです。いつもこの原稿を講演会場で司会者の方に渡して、読み上げてもらっています。
　その理由は心理学の「初頭効果」、つまり、最初の印象が記憶に残りやすいことを活かして、講演開始の時点から参加者の方に興味をもってもらいたいからです。この原稿を渡しておかないと、普通は次のような紹介が多くなります。

　今日の講師は酒井とし夫さんです。プロフィールの詳細はお手元の資料をご覧ください。時間が限られていますのでさっそくマイクをお渡しします。それではよろしくお願いいたします。

　先ほどの紹介と比べて、あなたならどちらの講師の話を聞きたいと思うでしょうか？
　おそらく、前者だと思います。商売でも最初にお客様の心をがっちりつかんで、興味と関心を引き付けるとその後のセールスや商談がスムーズに進みます。

実は、この紹介文には次のような効果的なビジネス心理学のテクニックがちりばめられています。

　まず、「初頭効果」。人はもたらされた情報の最初の部分が記憶に残りやすい性質があります。これを心理学で初頭効果といいます。そのため冒頭部分で
　『すごい講師にお越し頂きました。』
と紹介していただくことで印象を強く残すことができます。

　次に「数字の効果」。
『年間100本の講演依頼を受ける人気講師』
　の部分は、人は数字に興味をもちやすいという心理を意識しています。たとえばあなたも
　『たくさん売れている人気のクッキーです』よりも『16秒に1箱売れている人気のクッキーです』と説明されたほうがリアリティがあって興味が湧くはずです。

　そして、「類似性」。
『1962年4月生まれで新潟在住。寅年のB型。立教大学……』
　の部分は参加者の方に自分との類似点を見出してもらうことを意識しています。人は自分と共通項のある人に好意を抱きやすいからです。

　さらに、「限定条件下の事実」。
『出版書籍は世界一のアマゾン書店マーケティング部門で第1位を獲得し……』

の部分は心理学の「限定条件下の事実」(56ページで解説しています)を応用しています。

そして、
『雑誌「プレジデント」やフジテレビの「とくダネ」でも紹介された人気講師です。』
の部分は「権威効果」(50ページにて解説しています)を狙ったものです。

紹介原稿の随所に埋め込まれたこれらの心理テクニックによって、短時間で参加者の興味と関心を引き付け、信頼性を生み出し、そのまま一気に講演会に突入することが可能になります。

しかも、開演前には早めに会場入りして主催者の方と名刺交換を行い、握手をします。会場を案内してもらったときにもし会場が狭ければ、「コンパクトな会場ですネ。これなら親密なコミュニケーションが取れそうです」と伝えます。
もし、会場が広ければ、「広い会場ですネ。これなら明るく良いコミュニケーションが取れそうです」と伝えていますが、これも心理学的なテクニックを使った話法です。

開演前には来場者と雑談をして共通項や類似点を探します。そして、開演直前にはわざと何度か演台に上ります。
すると心理学の「ザイアンスの法則」(107ページに出てきます)が機能して、講師に対する好意度が高まります。
また、会場の雰囲気が硬いときには赤ちゃんの笑顔の写真を投

影しておきます。

　さらに、登壇するときは客席から見て左側から登場して右側で終了するようにします。

　そして、このような人間心理を意識した言葉の使い方や訴求方法は私のような講師に限らず、あらゆる業界で働くビジネスパーソンや起業家の方々の役に立つのみならず、接客、販売、広告、販促、そしてコミュニケーションにとっても大いに効果を発揮するものです。

　ビジネスにはたったひとつの共通項があります。
　それは……お客様は人である、ということ。
　そして、人は心で好き嫌いを判断して、心で買う買わないを決めます。

　それではこれから、人間心理をもとにしたあなたがビジネスでスグに使える心理学テクニックを、事例とともに100項目紹介します。その効果については、みなさんの実際のビジネスで活用して実感してください。

　また、巻末には集客増と売上増につながる特別なプレゼントも用意していますので、そちらもぜひご活用ください。

酒井とし夫

心理マーケティング100の法則　◎目次

はじめに …………………………………………………………… 3

第1章 すぐに効果が出る販促マーケティング術

001 リスクを煽る販促法
得よりも損のほうが購買行動は強化される …………… 18

002 オマケの魅力で購買を刺激する方法
オマケを付けると、本体が魅力的に見える …………… 20

003 無料戦略で関心を集める法
無料サービスで集客すると、購入されやすい ………… 22

004 小さく始めて大きくする法
小さな依頼を承諾すると、次の依頼も承諾される …… 24

005 簡単な客単価アップ法
選択肢を3つにすると、真ん中を選ぶ ………………… 26

006 試用により販促する方法
一度所有すると、愛着が湧く …………………………… 28

007 値段を安く感じさせる法
総額では高く感じても、単価で示すと安く感じる …… 30

008 高価格商品を売る方法
**高いものは良いものだと判断する人が
必ず一定数いる** …………………………………………… 32

009 客単価を上げる方法
買うと決めた瞬間が最も財布のひもが緩む …………… 34

CONTENTS

010 相対的比較法①
対案を用意すると、意図する結果に導きやすい ……… 36

011 相対的比較法②
小さなものを提示されると、
普通のサイズが大きく見える ……………………… 38

012 販促効果を高める方法
前提を提示すると、その前提を基準に考える ………… 40

013 相手に気持ちよく動いていただく方法
相手に望むことを告げると、
そのことを相手は意識する ………………………… 42

014 動かない相手を動かす方法
自分で決めたと思えば、
自らの意志で動くようになる ……………………… 44

015 「自由」に相手に選ばせる法
相手に判断を委ねると、関与を始める ……………… 46

016 興味関心を引きつける方法
未完了にしておくと、記憶に残りやすくなる ………… 48

017 商品やサービスにハクを付ける方法
権威者の言葉を使うと、効果的に伝わる …………… 50

018 商品やサービスに信用力を付ける方法
誰もが信用する人の推薦は信じやすい ……………… 52

019 テレビの影響力を活用する方法
テレビで紹介されたことは信じやすい ……………… 54

020 商品やサービスをNo.1にする方法
No.1や第1位に人は関心を寄せる ………………… 56

021 他人の評価を活用する方法
多くの人が賛同する意見には
なんとなく同意してしまう ………………………… 58

022	売れてることの演出法 **棚の商品が少ないと、売れていると思われやすい** …… 60
023	音による購買行動促進法 **BGMのテンポによって購入額が変わる** …… 62
024	繁盛を演出する法 **電話が一斉に鳴ると、繁盛しているように見える** …… 64

第2章 お客様の心にささる広告&コピー術

025	ターゲットを絞り込むコピー術① **自分の関心事には人は振り向く** …… 68
026	ターゲットを絞り込むコピー術② **「〇〇で困っている方へ」と、呼びかける** …… 70
027	奇数をコピーに入れる方法 **日本人は偶数よりも奇数を好む** …… 72
028	イエスを引き出す法 **はじめに「イエス」と答えると、 次に「ノー」と言いづらい** …… 74
029	マジックワードを使ったコピー術 **インパクトの強い単語は記憶にとどめやすい** …… 76
030	価値を上げるコピー術 **お客様が買っているのは商品ではなく、付加価値** …… 78
031	KSKK文章作成法 **淡白な文に感情を入れると、臨場感や現実味が出る** …… 80
032	承認を得やすくする説得法 **簡単な要求を承諾すると、次の要求は断りにくい** …… 82

CONTENTS

033 積極的に売り込まずに売る方法
絶対に見るなと言われると、無性に見たくなる ……… 84

034 不安を煽って行動喚起に結びつける法
失敗したくないと思うと、行動力が上がる …………… 86

035 罪の意識が残らない訴求法
手軽さを誇張すると、逆にネガティブに感じる ……… 88

036 お客様の行動喚起を促す方法
名指しされると、行動を取りはじめる ………………… 90

037 お客様に嫌われないコピー術
自分のことばかり話すと、相手はうんざりする ……… 92

038 広告の信頼性を上げる方法
発信者が誰かがわかると、信頼性が生まれる ………… 94

039 権威で訴求するコピー術
**第一印象の身なりが良いと、
人格まで良く見えてくる** ………………………………… 96

040 赤ちゃんの愛らしさを広告に活かす法
笑顔の赤ちゃんを見ると、優しさと親切心が生じる … 98

041 自分事だと思ってもらうコピー術
自分事だとわかる説明だと、受け手は関心を抱く …… 100

第3章 好感度・印象度が上がる 営業コミュニケーション術

042 公式を使った人と仲良くなる法
会う回数を増やすと、好感度が上がる ………………… 104

043 人間心理を活用したコミュニケーション法
接触の頻度と密度によって、印象度は変わっていく … 106

044	契約率を上げる営業 **5回訪問すると、契約の確率が上がる** ········· 108
045	聞き上手になる法 **相手の言動に同調すると、距離感が縮まる** ········ 110
046	説得力を高める方法 **相手のしぐさに合わせると、好感をもってもらえる** ··· 112
047	相手が共感してくれる会話法 **相手に同調して話を聞くと、信頼感が醸成される** ······ 114
048	親近感が生まれる会話法 **相手の動作を真似ると、波長が合ってくる** ········ 116
049	お客様にすぐに好かれる簡単な方法 **相手との共通項を示すと、好意をもたれやすくなる** ··· 118
050	初対面で好印象を与える法 **良い面から自己紹介すると、好印象にうつる** ········ 120
051	ひと言添えて印象度を上げる法 **あいさつにひと言添えると、印象が強くなる** ········ 122
052	相手に触れる効果活用法 **握手をすると、相手から承認されやすい** ·········· 124
053	握手の効用 **握手をすると、嘘をつく確率が下がる** ············ 126
054	相手との心理的距離を近づける法 **相手の隣に席を移動すると、心理的距離が縮まる** ····· 128
055	好感度を上げる方法 **楽しい会話をすると、好意的な印象にうつる** ········ 130
056	コストゼロで印象度を良くする方法 **笑顔を多くすると、仕事が増えていく** ············ 132
057	外見を磨く簡単な習慣 **鏡をよく見ると、どんどん魅力的になる** ·········· 134

CONTENTS

058 五感に訴える法
人の利き感覚は、人それぞれ違う ……………… 136

059 相手の意識を推測する方法
人の視線を観察することで意識を読む ……………… 138

060 お客様の本音を見抜く法
話に興味をもつと、視線は縦に動く ……………… 140

061 相手の納得感を引き出す質問法
相手に決定権を委ねると、自ら考えはじめる ……………… 142

062 お客様の選択の納得感を高める方法
自分で選択したと思うと、より高い価値を感じる …… 144

063 会話が続く質問法
5W1Hを意識すると、会話は続く ……………… 146

064 相手が答えやすい質問法
命令形を質問形にすると、受け入れてもらいやすい … 148

065 お客様を意図する方向に促す方法
前提を示して話すと、相手はその前提に導かれる …… 150

066 相手から承認されやすくする方法
依頼ごとは理由を添えると、承諾されやすい ……… 152

067 要求を断りにくくする方法
2つ同時に要求すると、相手は断りにくくなる ……… 154

068 セールスを成功させるテクニック
人は興味をもつと、瞳孔が大きくなる ……………… 156

069 嫌な人と思われない話し方
人の噂話をすると、嫌な雰囲気になる ……………… 158

070 恩を売って買っていただく法
試食販売で試食すると、すぐには立ち去れなくなる … 160

071 お客様の心理に働きかける販促法
ただであげると、その恩に報いたいと思う …………… 162

072	初めと終わりの印象を良くする方法 **繁盛店であるほど、終始一貫して印象がよい** ········· 164
073	潜在意識を刺激する方法 **雰囲気が変わると、行動も変わる** ················ 166
074	客単価を上げる方法 **いかがですか？と訊くと、お客様は検討し出す** ········ 168

第4章 自分に自信がもてる プレゼン・交渉術

075	自信のある話し方に変わる法 **理想の人になり切ると、自信がもてるようになる** ······ 172
076	理想の姿になるトレーニング法 **なりたい人をイメージすると、 心理的に影響を受ける** ······················· 174
077	プレッシャーを回避する方法 **自信たっぷりな態度をすると、勇気が湧いてくる** ····· 176
078	好感度コミュニケーション法 **プレゼンは左から右へ動くと、自然な感じになる** ····· 178
079	緊張を和らげる方法 **意識がモノに向かうと、緊張が和らぐ** ············ 180
080	プレゼンで説得力を高める方法 **話す内容よりも、話し方のほうが印象に残る** ········ 182
081	緊張を和らげる方法 **手の甲をトントンと叩くと、緊張が和らぐ** ········· 184
082	プレゼンでの勝率を上げる方法 **3〜4人が同調すると、ウソもホントに変わる** ······· 186

CONTENTS

083 プレゼンでの説得効果を高める方法
最後に総括すると、記憶に残りやすい ･････････ 188

084 相手に好感を抱いてもらう位置取り法
斜め前に座ると、初対面でも緊張感が薄れる ･････ 190

085 積極派慎重派別コミュニケーション法
性格タイプがわかると、商談の仕方もわかる ･････ 192

第5章 気持ちが明るくなる心理コミュニケーション術

---

086 効果の高い褒め方
誰かが褒めていたと言われると、嬉しさが増す ･････ 196

087 いったん拒否したのちに了解する法
「あなただけは特別」と言われると、心地よく感じる ･･ 198

088 相手が思わず喜ぶ会話術
些細なことで気づかうと、相手は喜んでくれる ･････ 200

089 お客様をいい気分にさせる方法
いいことありそうと言うと、相手は気分がよくなる ･･･ 202

090 簡単に笑顔をつくる方法
前歯を見せて笑顔をつくると、印象良く見える ･････ 204

091 苦手な相手の克服法
**苦手な相手の滑稽な姿を想像すると、
抵抗感が消える** ･････････････････････････ 206

092 視点を変えて相手の心を読む方法
違った視点から見ると、ひらめきが生まれる ･････ 208

093 ものの見方をポジティブに変える法
認識の捉え方で、物事は良くも悪くも変わる ･････ 212

094	少数意見を通す方法 **現実味のある意見を繰り返すと、 周囲はそれを信じ出す** ································ 214
095	矛盾を正当化しないための考え方 **人は矛盾を感じると、不快感を覚える** ············· 216
096	成功要因と失敗要因の判断法 **人の成功を見ると、周囲は運のせいにする** ············ 218
097	集団の中で手抜きさせない方法 **人は集団になるほど、手抜きをしたくなる** ············ 220
098	自社の評価を正しく知る法 **自社よりもお客様のほうが、 自社の良さがわかっている** ································ 222
099	ビジネスの原則 **小さなことを積み重ねることで、 ビジネスはうまくいく** ···································· 224
100	自分ごとだと気づかせて購買喚起する法 **「自分のことかな？」と思うと、欲しくなる** ········· 226

おわりに ·· 228

第1章

すぐに効果が出る販促マーケティング術

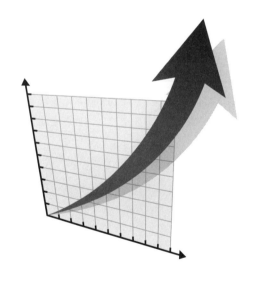

001　リスクを煽る販促法

得よりも損のほうが
購買行動は強化される

　宝くじでのコピーを作るときの話です。
「あなたもきっと当選者になれる」
　このコピーの文言をちょっと変えたら、売上げが大幅に伸びたのだそうです。どんなふうに変えたかというと、『あなたはすでに当選者かもしれない』(参照:『相手を思いのままに心理操作できる』デヴィッド・リーバーマン著、齊藤勇訳、三笠書房)

　これは、次のような人間心理で説明することができます。
　人は得や快を求めて、損や不快を避けたがりますが、前者より後者のほうが行動エネルギーが大きくなります。
　「幸せになりたいなあ」「あれが手に入るといいな」「健康でいたいな」と思う人は多いのですが、実際に今すぐに具体的に行動する人は少ないのです。
　一方、「このままでは不幸になってしまう」「それを失う」「病気のリスクがある」という恐れのあるものはすぐに行動してその損や苦を避けようとします。
　前述のコピーの「あなたもきっと当選者になれる」は幸せになれるかもしれない、という得や快を求めるもの。それに対して

『あなたはすでに当選者かもしれない。』は、自分が当選者かもしれないのにそのチャンスや権利を逃してしまうかもしれない、という「失うリスク」を感じるので行動に至りやすいということです。

こんなちょっとした言葉の違いでも、人の行動は変わるのです。
つまり、交渉やプレゼンの席で相手に影響を与えたければ
「それを手に入れるとこんなメリットがあります」
いう訴求よりも
「それを手に入れないとこんなデメリットがあります」
というように「失うこと」を訴求したほうが効果は高まります。

たとえば、「当社のシステムを導入すると毎月〇〇円のコストダウンになります」よりも、「このシステムがないと御社は今後も毎月平均で〇〇円を失い続けることになります」、あるいは、得失両面から訴求して次のようにしてもよいでしょう。
「当社のシステムを導入すると年間で〇〇円のコストダウンになりますが、今のままでは毎月平均で〇〇円を失い続けます」

人は何かを得ることよりも何かを失うことに敏感なのです。

人間心理
人はこれから手に入るものよりも、今あるものを「失う」ことに対して強い動機づけを見出す傾向がある。

具体的行動
交渉やプレゼンの席ではメリットを伝えるだけではなく「この機会を逃すとチャンスを失うことになる」という訴求方法も試してみよう。

002 オマケの魅力で購買を刺激する方法

オマケを付けると、本体が魅力的に見える

　テレビ通販で購買意欲を刺激する方法のひとつに、オマケを付けるというものがあります。

　たとえばノートパソコンに複合プリンタを付けるだけでなくUSBメモリもセット。さらにパソコン学習本もサービスにしたうえで、金利手数料は通販会社が負担などと、毎回必ずオマケが付きます。

　なぜ、オマケを付けるのか？　買ってほしいからですね。商品だけでも魅力的ですけれど、オマケがあると余計に魅力的に見えるからです。

　実は、オマケは効果のある依頼テクニックのひとつです。特に、依頼や商品紹介の後に付けると効果があります。

　「ちょっとお願いがあるんですが、もし了解してくれたら、これとこれをオマケでプレゼントします」とか、テレビ通販のように「今日はこのノートパソコンのご紹介です。しかも今日は複合プリンタをオマケします。さらに！　このパソコン学習本までオマケします」というように、依頼や商品紹介の後にオマケを付ける、これが人間心理を考えた場合には正しい順序になります。

これは、「**ザッツ・ノット・オール**」という心理理論です。

ザッツ・ノット・オール…つまり、「まだこれだけじゃないよ！」ということ。次から次へとどんどんオマケを出すことによってその商品やサービスを魅力的に見せることができます。

商品の特徴を説明するのが難しい、無形のサービスなので使うまでその質が相手に伝わりにくい、差別化が難しいという商品であっても、このようにオマケを付けることによって、その商品やサービスの付加価値と魅力度がアップします。

「ウチの商品はどこでも扱っている商品なので差別化が難しい」という会社やお店では、提供している商品やサービスに何かオマケを付加することができないかどうか、検討してみるといいでしょう。

差別化しづらい商品を販売しているならば、なにか特典やサービスを付加できないか考えてみましょう。

ただし、オマケ自体が粗末なものであったり、クオリティの低いものであると、片方のイメージがもう片方につながる「**連合の原理**」が働き、商品自体の魅力も下がることに注意が必要です。

人間心理
依頼や商品紹介の後にオマケや特典を付けると説得効果が高まる。

具体的行動
差別化しづらい商品を販売している場合は、魅力的な特典やサービスを付加することを考えてみよう。

003 無料戦略で関心を集める法

無料サービスで集客すると、購入されやすい

　なぜ人は無料だと行動しやすく、有料だと動きを止めてしまうのでしょうか？
　それは、値段が付くと人は次のように考える心理があるからだと言われています。
　「はたして、それだけの値打ちがあるのだろうか？」

　つまり、値段が付くことで「行動」の前に「考えて選択する」という段階が必要になるからです。

　一方、無料なら深く考えることなく「とりあえず試してみるか！」という人が増えます。
　そのため「無料プレゼント」「無料○○」「無料試供品」といった販促活動は広く潜在的顧客を集めることを可能にします。

　したがって有料は「購買客」を探すため、無料は「幅広い潜在的見込み客」を探すために利用するとよいということになります。多くの人はこの「無料→有料」の流れを「面倒だ」あるいは「手間がかかる」と考えがちですが、私はこの手法はどんな業種

第1章　すぐに効果が出る販促マーケティング術

でも有効だと思っています。特に、セールスや営業の苦手な人には最適な方法です。

たとえば……、
メイク講習が無料で、メイク用品が有料。
企画・制作費が無料で、印刷が有料。
ホームページの制作が無料で、サーバー利用料が有料。
携帯機器が無料で、通信料が有料。
レッスンは無料で、ウェアや道具が有料。
ドリンクが無料で、食事が有料。
経営セミナーが無料で、毎月の顧問料が有料。
整備が無料で、車検が有料。
入場料が無料で、乗り物が有料。
レシピが無料で、調理器具が有料。

このようにどんな業種でも無料と有料の組み合わせは可能です。

さて、あなたの会社やお店でもこの2つの組み合わせを実施して競合と差別化することができないでしょうか？

人間心理
無料で何かを提供することは「考えて選択する」という段階が不要になるので「とりあえず試してみるか！」という人が増える。

具体的行動
無料戦略で幅広い潜在的見込み客を集めて、その後で有料販売に誘導する商品やサービスの組み合わせを考えてみよう。

004　小さく始めて大きくする法

小さな依頼を承諾すると、次の依頼も承諾される

　訪問販売員にとっての初歩的なセールステクニックのひとつに**「フット・イン・ザ・ドア」**があります。これは「初めから大きな依頼をするよりも、まず小さな承諾を得て、その後に大きな依頼をしたほうが、人間はその依頼を承諾しやすい」という考え方です。

　最終的な目的は「大」を承諾してもらうことなのですが、最初からいきなり「大」を依頼すると拒絶される確率が上がるので、「小さな依頼」→「中くらいの依頼」→「大きな依頼」の順で相手に依頼を行うという心理術です。

　フット・イン・ザ・ドアとは文字どおり「足先」をドアに入れるということです。訪問販売がチャイムを鳴らして、家の中から人が出てきてドアが少し開いたその隙間にまず足先（＝小さな承諾）を入れるという意味です。

　以前、新聞折込にエステサロンの招待クーポンが入っていました。そのクーポンを持参すると通常11,900円の脱毛コースが1万円割引の1,900円で受けられるというものでした。これがフッ

ト・イン・ザ・ドアの「足先」になるのです。そのクーポンを持参して来店した人の中から全身脱毛や痩身といった次のコース（＝「中くらいの依頼」→「大きな依頼」）に進む人が現れます。

　小売店の店頭に割引商品や特価商品や安価な小物が陳列されているのもフット・イン・ザ・ドアの「足先」です。この割引商品や特価商品や安価な小物で客足を引き付けて、店内の奥の高額品のコーナーまで導線を考えて誘導することになります。
　ゲームセンターの入り口が300円ガチャコーナーであったり、スマホゲームで最初は無料で遊べるのも「足先」です。
　コンサルタントが小額のセミナーを開催するのも、その後で顧問契約につなげるためのフット・イン・ザ・ドアの「足先」です。

人間心理
　初めから大きな依頼をするよりも、まず小さな承諾を得て、その後に大きな依頼をしたほうが、人間はその依頼を承諾しやすい。

具体的行動
　小さな承諾を得る商品やサービスを用意し、段階的に推奨できるような仕組みをつくろう。

005 簡単な客単価アップ法

選択肢を3つにすると、真ん中を選ぶ

　ランチタイムにイタリアンレストランに入ったときのことです。メニューは次の2種類でした。

（1）本日のパスタ＋サラダ＋コーヒー　1,180円
（2）本日のパスタ＋サラダ＋コーヒー＋デザート　1,350円

　おそらくこのメニューだと1,180円をオーダーする人のほうが多いと思いますが、1,350円のメニューのオーダーを増やすにはどうしたらよいでしょうか？
　答えは……、選択肢をもう1つ増やす。

　たとえば、1,850円くらいのメニューを増やすといいでしょう。
　1,180円と1,350円の二択だと、明らかに1,180円のほうが安く感じるので、普通はランチならこちらをオーダーする人が増えます。

（1）本日のパスタ＋サラダ＋コーヒー　1,180円
（2）本日のパスタ＋サラダ＋コーヒー＋デザート　1,350円
（3）本日のパスタ＋ミニピザ＋サラダ＋コーヒー＋とデザート　1,850円

第1章　すぐに効果が出る販促マーケティング術

　このように1,180円と1,350円と1,850円の三択なら、1,350円メニューも相対的に安く感じるので選ぶ人が出てくるのです。

　また、人は基準価格より2割以上の高低があると「高い」「安い」と感じますので、一番売りたいメニューが1,350円なら安いメニューは1,180円といった2割以内の価格設定にして「割安なことによるお得感をあえて感じさせない価格にする」といったことも有効です。

　価格決定の基準はいろいろあって簡単にいかないことも多いですが、こうしたことを理解しておくと少し遊び感覚で値決めがテストできます。

人間心理
　二者択一の値決めは比較が容易なので安価なほうが選ばれやすい。それを三択にすると真ん中が選ばれがちになる。

具体的行動
　2種類ある価格帯の商品やサービスで高いほうの売上げを伸ばすには、さらに高い価格のものを設定し、3つの価格帯にしよう。

006 試用により販促する方法

一度所有すると、
愛着が湧く

　衣類やバッグ、アクセサリー、本などをリサイクルとして査定してもらうとき、その評価金額の低さにがっかりしたという話はよく聞くのではないでしょうか。
　それは、人というのは自分で所有したものに高い価値を抱きやすいからです。これを心理学では**「保有効果」**といいます。

　試着や試乗、試用など商品やサービスを実際に試すことができるのはユーザーにとって便利です。ただ、これには「人は一度、所有する、身につける、試着する、試乗する、モニター使用すると、そのものに愛着が湧いて価値を感じるようになる」という保有効果が無意識に働くので、販売方法としても理にかなっていることになります。
　80年以上前に書かれた広告手法に関する書籍『広告マーケティング21の原則（原題：Scientific advertising）』(クロード.C.ホプキンス著、臼井茂之/小片啓輔監修、伊藤奈美子訳、翔泳社)にも次のようなことが書かれています。

　「ある企業は電動ミシンモーターの広告に苦労していた。そ

こで賢明な助言にしたがい、購入を迫るのをやめた。その代わり、希望者には最寄の販売店からモーターを送るので、一週間無料で使ってほしいと提案した。モーターを受け取った家庭には説明員を派遣し、操作方法を教えた。（中略）10世帯につき約9世帯は試用後にモーターを購入した。」

80年以上前も今も、人はいったん所有するとその商品に価値を見出し、愛着をもちはじめることには変わりはない、つまり保有効果は人間心理の原則だということです。

また、以前、テレビで東北地方の小さな家電店の様子が放送されていました。そのお店は近隣の大型量販店よりも大型テレビを数多く販売する優良店なのですが、そのお店も大型テレビを「保有させる」ことによって販売につなげていました。

具体的には、モニターという名目で、希望する家庭に一定期間無料で大型テレビを貸し出して設置します。すると、高い確率で購入されていったという話です。

試用などによる保有効果は、全員が「愛着をもって、価値を感じはじめる」わけではありませんが、一定の効果は期待できます。

人間心理
人は自分の所有しているものに高い価値を感じ、愛着を抱くようになる。

具体的行動
営業などでは「売る」ことを先走るのではなく、「試用してもらう」ことを目的に顧客にアプローチしてみよう。

007　値段を安く感じさせる法

総額では高く感じても、
単価で示すと安く感じる

　スーパーの生鮮食品売り場で、鶏肉に付けられたPOPに「100g 80円」などと書かれていると、「お買い得」と感じたりします。それでつい300g買ったりしますが、支払いは240円です。

　車を運転中に聞いたラジオショッピングのCMです。
「通常の店頭販売価格が8万円を下らないあのあこがれのハイスペック掃除機が、今ならここから2万円引きの59,400円。6万円を切りました。しかも分割手数料なしで33回払い無金利。だから、ひと月1,800円でお買い求めいただけます。お申し込みはフリーダイヤル0120-＊＊＊…」
「ひと月1,800円か！　安いね」と思わず、その安さに納得してしまいます。

　価格というのは提示単位によってその印象が変わります。
　そのため、もしあなたが扱う商品やサービスの価格が総額で高い価格であるのであれば、次のように単位当たりで金額を表示したり、単位当たりの少ない金額で説明をするとお客様は割安感を感じやすくなります。

第1章　すぐに効果が出る販促マーケティング術

「一家の大黒柱であるお父さんがもし倒れたらご家族はどうなるでしょう。1日あたりたった350円。コーヒー1杯分ですね。そう考えるとおトクです。1日コーヒー1杯分の金額でご家族の安心が保証されるのです」

　たとえばこれが生命保険の掛け金であれば、1日350円×30日×12ヵ月×30年なら総額で400万円近い商品であるということになります。
　もしこれが、「30年払い込んでいただくと総額で約400万円となります。これでご家族の安心が保証されるのです」という説明だとやはり決断には勇気がいることになりますが、1日350円なら価格へのハードルがグッと下がります。

「お子さん、お孫さんまで使えるまさに100年ものの商品です」
「これから10年は着ることができると考えると割安ですよね」
「人生80年。その一生の思い出と考えると今回はお買い得です」

　人は「総額」を提示されると「高い」と感じても、提示する単位や期間によってその印象が変わるのです。

人間心理
　人は高額商品であっても最小単位で提示しなおすと割安感を感じる。

具体的行動
　あなたの商品やサービスの価格を1日あたり、1gあたり、1単位あたりで計算した金額でお客様に価格提示を行ってみよう。

008 高価格商品を売る方法

高いものは良いものだと判断する人が必ず一定数いる

　私の地元のパスタ料理店ではランチメニューが1,500円もします。地方都市にしては高い料金です。そのお店で期間限定の特別ランチが2,500円で出されました。そのお店での出来事です。

　この料金ではなかなか注文する人はいないだろうと思っていました。ところが、何かの稽古帰りと思われる50代くらいの4人の女性グループが席に着いて何を注文するか相談しあった後、そのうちのひとりがこの2,500円の特別ランチを注文しました。すると、他の3人も同じメニューを注文し出しました。

　このとき、私は次のマーケティングの鉄則を思い出しました。

「**必ず高いメニューを用意すべし。一定割合で買う人がいる**」

　人は何かを判断する際に簡略化されたプロセスを経て結論を得やすいという習性があります。

　このような簡便な判断を「**ヒューリスティックス**」といいますが、どんな市場でも高い価格帯を買う人が必ずいます。その人の購入が全体の客単価を引き上げます。

　そして、友だちと一緒に来店できるお店であれば、ひとりがそ

の高単価のメニューをオーダーすると「**同調効果**」が生まれて追随する人が現れます。これもやはり客単価を引き上げます。

　高い料金のランチメニューと同様の経験を私自身もしたことがあります。以前、販促に関するノウハウを解説したDVDをインターネットで販売していたのですが、単品以外に高単価のセットを用意したところ、一定割合の人がその商品を買ってくださいました。

　「こんな高い値段じゃ売れない」と思っているのは案外本人だけということが往々にしてあります。

　ただここで注意したいのが、単価を上げるだけの価値があるかどうかです。お客様はその価格に見合った価値があると思うから料金を支払うのです。単純に品揃えとして高単価商品を用意するのでは「高い！」と思われて自ら客離れを誘引しかねません。

人間心理
　高い価格だから質が良いと判断する人がどんな市場にも一定割合存在する。

具体的行動
　通常価格帯の商品の他に、それ以上の価値を付加したワンランク高い料金帯での品揃えやメニュー設定をしてみよう。

009 客単価を上げる方法

買うと決めた瞬間が
最も財布のひもが緩む

　移動中の特急電車内でのワゴン販売でとても印象の良い女性に出会ったときの話です。

　私はコーヒーが飲みたくなり、「ホットコーヒーをください」とその販売の女性に声をかけました。
　その女性はニコッとして、「ありがとうございます！　ホットコーヒーですね」と言ったのち、「お得な大きいサイズと普通サイズがございますが、どちらがよろしいですか？」と訊ねながら、大きいサイズとそれよりも小さいサイズのカップを取り出しました。
　私はその2つのカップを見て、「お得な」というトークに引き寄せられて、「大きいサイズ」を注文しました。

　このように、お客様が求めたものより上位のものを勧めるテクニックを「**アップセル**」といい、客単価を上げる方法のひとつです。
　彼女はコーヒーをカップに入れて、「熱いですのでお気をつけください」とひと言添えて、そのカップをテーブルの上に置きま

した。

そして、私が支払いをしようとしたとき、「ご一緒に出来立てのおいしいパウンドケーキはいかがですか？」と絶妙なタイミングでお菓子を勧めてきました。

好感がもてたトークだったので、私はそのパウンドケーキも一緒に買ったのです。

人は買い物を決めるまでは、財布のひもは固いものです。最も財布のひもが緩む瞬間は、買うと決めたときです。

そのため、購入を決めたお客様の客単価を上げる最も効果的なタイミングはお客様が買う、まさにその瞬間になります。

車内販売の彼女は、私がコーヒーを買ったその瞬間にパウンドケーキを勧めました。これを「**クロスセル**」といいます。アップセルと同様に、これも客単価を上げる方法のひとつです。

人間心理
人の財布のひもが最も緩む瞬間は、買うと決めたときである。

具体的行動
お客様が購入を決めた瞬間にクロスセル、アップセルを提案できるように次に勧める商品やサービスを予め準備しておこう。

010 相対的比較法①

対案を用意すると、 意図する結果に導きやすい

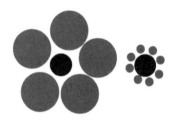

　図の黒丸はどちらも同じサイズで描いてあります。でも、右の黒丸のほうが大きく見えます。それは黒丸の周囲にある灰色の丸との相対的な比較によって錯覚が生まれるからです。

　黒丸の「絶対的」な大きさは同じですが、「相対的」な大きさは異なって見えるわけです。人は「絶対的な判断」ではなく、「相対的な判断」を下してしまいがちだということがわかります。

さて、では次の問題です。あなたならどちらを買いますか？
（1）売上が月100万円増の営業術の本（3,500円）
（2）売上が月100万円増の営業術のDVD（19,800円）
おそらく（1）を選ぶ人が多くなります。これは、3,500円と19,800円を比較して安いほうを選ぼうとする人が多いからです。

それでは、次の選択肢を増やしたらどうでしょうか?
(3) 売上が月100万円増の営業術の本とDVDセット (19,800円)

この場合では先ほどよりも (3) の申込をする人も増えます。そのワケは、先に述べたように「人は絶対的な比較ではなく、相対的な比較で選ぶ」傾向があるからです。

つまり、まだ買っていない本やDVDには絶対的にどれくらいの価値があるのかわかりません。そのため、(1) と (2) の選択肢しかない場合には、相対的に安い (1) を選ぶ人が多くなります。

しかし、(3) という選択肢が出てくると、(2) と (3) の相対的な比較ができます。(2) と (3) を相対的に比較した場合には (3) のほうが優位に立ちます。なぜなら、(3) なら (2) と同じ価格で本とDVDの両方が手に入るからです。

このように、相対的な比較が可能になる選択肢をひとつ増やすだけで客単価は上がりやすいということです。

これを実際のビジネスで考えると、クライアントに企画案や見積もりを提出するとき、単純に2つだけの選択肢を提案する場合は本命のA案より高い金額のB案を用意し、高額な見積もりを通したいのであれば、C案を用意してそこには高額な見積もり同士で比較しやすいサービスや特典をつけるといいでしょう。

人間心理
人は絶対的な比較は苦手だが、相対的な比較は行いやすい。

具体的行動
お客様に企画書、見積書、メニュー等を提案するときには大きさ、お得さ、割安感が簡単に比較できるような対案を用意しておこう。

011 相対的比較法②

小さなものを提示されると、普通のサイズが大きく見える

　スーパーの鮮魚売り場で売られている魚は発泡トレーより小さいのが一般的ではないでしょうか。でも、私の知っている鮮魚店ではイラストのように魚よりも発泡トレーのほうが小さいのです。

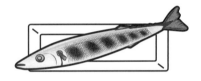

　魚のほうが発泡トレーより大きいと、魚が実物以上に大きく、しかも身厚に見えます。

　ある宝飾品店での話です。そのお店のショーウィンドウにはきれいなネックレスがディスプレイされています。値段は100万円。お店の前を通るとそのネックレスが必ず目に入ります。
　このお店に婚約指輪を買いに来た若いカップルがこのネックレスを見たとします。思わず「高い」と感じるはずです。ちなみに、「ゼクシィ結婚トレンド調査2024（全国推計値）」によると婚約指輪の平均購入価格は39万円です。
　その感想を抱いた直後に、店内で婚約指輪の価格を目にすると

第1章　すぐに効果が出る販促マーケティング術

相対的に安く感じることが多くなります。これも価格の高い商品をはじめに見せることで、その高い基準からするとそれ以外のものは相対的に安く感じる心理テクニックです。

　以前、テレビ番組で100万円の箒があるのを見たことがあります。これは岩手県の工芸品である南部箒でした。
「こんな高い箒をいったい誰が買うのか？」と驚きながら見ていましたが、実はその箒はテレビ番組の放映時以前は1本も売れていなかったそうです。
　しかし、それ以外のものは売れています。売れ筋は3万円です。普通に考えると箒で3万円は高いと思うはずです。それが100万円のものを見た直後だと、相対的に安く感じてしまうのでしょう。

　人は比較してものごとを判断します。だから、私はお礼状の台紙となる葉書は余白枠をわざと小さくしています。その理由は、枠から飛び出して文字を書くと文字数が少なくてもたくさん書いたように見えて、しかも迫力が出るからです。

人間心理
　大きなものを見た後に普通サイズを見ると、相対的に小さく見える。その逆に、小さなものを見た後に普通サイズを見ると大きく見える。

具体的行動
　売りたい商品の価格よりも高額の商品と低額の商品を陳列して、相対的な比較の心理を応用して購入を促そう。

012　販促効果を高める方法

前提を提示すると、そもその前提を基準に考える

　大災害などがあると町内会や会社などで募金が行われたりします。いくら募金するのがいいか、悩んだりしますが、お金を集める人にいくらぐらいがいいか訊くと、
　「だいたい500円位でしょうか」
　という答えだと、それにつられて500円出す人が多いようです。
　中には、100円の人もいれば1,000円の人もいるでしょう。
　「だいたい500円位」
　と言われると、その金額を前提に募金する額を考えはじめます。

　話は変わりますが、1枚の風景写真を相手に数秒見せてから次のように質問をします。
　「写真では鳥は何羽飛んでいましたか？」
　すると少し考えて、
　「2羽？　3羽だったかな？」
　と答えたりします。実際には、風景写真には鳥は写っていなかったとしてもです。

「鳥は何羽飛んでいましたか？」

と訊かれると、鳥が写真に写っていたことが前提になってしまうからです。

先の500円と同様に、人はある前提を提示されると、その前提を基準として考える、あるいはその前提を当然であると考える傾向があります。

このような心理を理解している人はセールストークでも次のような前提を出します。

「他のみなさんにも協力いただいているのですが……」

「あなたもご存知のとおり……」

「〇〇がメタボ予防に効くと言われていますが……」

「初心者の方のほとんどはこのコースから学ばれますが……」

こういった前提を提示されると、人はその前提を基準に判断しようとするわけです。

人間心理をよく理解している人はこういったことを自社のセールスや広告で応用している人が多いのです（これも前提です）。

人間心理

人はある前提を提示されると、その前提を基準として考えるようになる。

具体的行動

商品やサービスを説明するときに、「他の方にもご理解いただいているのですが」「多くの人はこちらを選んでいます」といった前提を提示してみよう。

013 相手に気持ちよく動いていただく方法

相手に望むことを告げると、そのことを相手は意識する

　心理学理論に「**ラベリング**」と呼ばれるものがあります。
　たとえば相手に対して、「あなたってマメな人だよね」と言われると、その人は自分のことをマメな人間だと感じますが、同じことを「あなたって小さなことを気にしすぎるよ」と言われると、その人は自分のことを神経質な人間と感じるようになります。
　つまり相手に特定の「ラベル」を貼ると本人は貼られたラベルのとおりの行動をとるようになりやすいという理論です。

　ちなみに「どうしたの？　顔色が悪いよ」と3人から言われると、具合が悪くなってくるそうです。これもラベリング効果のひとつです。

　ビジネスの場でも相手にこんなラベルを貼ると交渉がスムーズに進むことがあります。
　「御社のようにコストダウンに真剣に取り組む会社は初めてです」
　すると、相手の心の中に無意識に次のような心理が生まれます。
　「ウチはコストダウンに真剣な会社だと思われている。それらしい振る舞いをしなくてはいけないかも……」

その後でコストダウンに関しての提案を行うと効果的な交渉ができるわけです。

 部下やスタッフにも、「君はいつもユニークな企画を出してくれるので助かるよ。今回も期待しているよ」とか、「あなたの接客はとても評判がいい。ありがとう」などとラベルを貼るとそのとおりに行動する確率が高まります。

 私も講演前に「ちょっと今日の参加者の方はおとなしめの人が多いかな」と感じると、わざと冒頭でこう言います。
「元気で明るい〇〇市のみなさん、こんにちは!」
 すると不思議なことに元気の良い返事が返ってくるのです。

「お客様はお目が高いですね」と店員に言われると、その商品を選んだ自分に自信をもつようになるのもラベリングです。

 小さなひと言だけど、そのひと言が商売やビジネスでは大きな違いを生みます。

人間心理
 人は特定の「ラベル」を貼られるとそのラベルのとおりの行動をとるようになりやすい。

具体的行動
 セールスや商談ではあなたが相手にこうあってほしいと思っていることを「あなたは〇〇な方ですね」と言葉で予め規定し、ラベル付けを行おう。

014　動かない相手を動かす方法

自分で決めたと思えば、自らの意志で動くようになる

心理学ではこんなことが言われます。

「人は自分で決意したと思うことには心から納得し、その決意に従って行動する傾向がある」

つまり周囲からどんなに「あれをやれ！」「こうしろ！」と言われても「自分で決意するまでは真剣に動かない」ということです。

さて、この人間心理はビジネスや商売にどのように応用できるでしょうか。

人は他者が決めたことに従うのではなく、自分で決意したと思うことに従って行動する傾向があるわけですから、「自分で決めた」と思ってもらうことが必要になります。

そのため、「この商品やサービスの申し込みは自分の意志で決めた」と感じてもらわねばなりません。

実はインターネットサイトやセミナーではこの「自分の意志で決めた」と思ってもらうためのテクニックに出会うことがありま

す。たとえば、次のようなウェブサイトのフレーズです。

「本当に痩せたいと心から強く思っている方は下記のチェックマークに印をつけてから次ページにお進みください。」

これは「自分で痩せると決意して次ページに進んだ」という自己の決意を自分で認識させるための仕掛けです。

また、セミナーを聴講すると開始直後にこのように話す講師の方がいます。

「まず、最初のページに今日のセミナーに参加したあなたの目標を書いてください。そして、その下に署名を書いてください」

これも「自分は自分の意志でこのセミナーに参加し、自分で決めた目標を必ず手に入れる」という「決意」を認識させる凍結効果を狙ったテクニックです。

生命保険などの契約で最終的に「自分で署名させる」行為も「この契約は自分で決めた」と認識させるための効果があります。

さて、あなたのビジネスではどのようにお客様を誘導するとお客様は「自分で決めた」と感じてもらうことができるでしょうか？

人間心理
人は自分で決めたと感じたことには積極的に行動するようになる。

具体的行動
商談や接客の場では選択肢を用意する、購入の動機を尋ねてそれに答えてもらう、自らの手で署名してもらうといったことを通して、相手に「これは自分で決めたことなのだ」と認識してもらえるようにしよう。

015 「自由」に相手に選ばせる法

相手に判断を委ねると、関与を始める

　「自由」という言葉に関して次のような実験が行われました。街中で見知らぬ人にこう言うのです。
　「バスに乗る小銭を貸してくれませんか？」
　こう言われた人のうち約10％の人が小銭を貸してくれたのだそうですが、ある言葉を追加したところ小銭を貸してくれた人の割合が47％以上に増えました。それはどんな言葉だと思いますか？
　それは次のとおりでした。
　「バスに乗る小銭を貸してくれませんか？　もちろん、あなたの自由です」
　驚くことに、このように依頼をした場合には貸してくれる金額自体も増えたのです。
　「自由」という言葉には不思議な力があるのかもしれません。

　人は強制されたことには抵抗しようとしますが、自分で決めたことには積極的に関与しようとします。そのため、「あなたの自由です」と言われてから決めた行動は「自分で決めたこと」なので、よりその対象に積極的に関与する傾向があります。

この「あなたの自由です」という言い方は営業トークなどにも使えます。

「弊社としてはこちらの製品をお勧めします。もちろん、商品をよくご覧になってどれがよいかご自由にお選びください」

「ご提供できるのはこちらの3種類となっております。お勧めはCですが、もちろんお客様がご自由にお選びいただけます」

「本サービスにはA、B、Cの価格帯があります。どれをお選びいただくかはお客様の自由です」

「今月はぜひ新規の契約を獲得したい。A社、B社のどちらから営業に行く？　もちろんどちらでも君が自由に判断してほしい」

私自身も打ち合わせの席で、「もちろんどれを選ぶかは御社の自由な判断にお任せします」と伝えることがよくあります。

相手に自分の選択に積極的に関与してほしいという場面であなたも一度、このテクニックを試してみてください。

もちろん、このテクニックを使うかどうか、それはあなたの自由です。

人間心理

人は強制されたことには抵抗する。自分で決めたことには積極的に関与する。

具体的行動

セールストークや広告で「あなたの自由です」という表現を使い、相手の積極的な関与を引き出そう。

016 興味関心を引きつける方法

未完了にしておくと、記憶に残りやすくなる

「人は完了した作業のことはすぐに忘れる。しかし、未完了の作業のことは気になって忘れられない」

これを「**ツァイガルニク効果**」といいます。

簡単に言うと「すべてを完了させる」「全部終わらせる」「最後まで公開する」よりも、話の途中で「続きは後日」とか「パート2に続く」とか「驚愕のクライマックスは後日公開」といったように、情報を未完了の状態にしておくと、人は興味をもちやすい、ということです。

これは、「人は目標に向かっているうちは緊張感が持続するが、目標達成すると緊張感が失われる」という人間心理についての仮説を実証したリトアニアの研究者から命名された理論です。

このときの実験は、「課題を最後までやり終えたグループ」と「課題を中断されたグループ」双方に、取り組んだ課題の数を答えてもらうというもので、「中断されたグループ」のほうは倍のスコアとなり、「人は完了させた物事よりも未完のままで終わったもののほうが記憶に残る」ことが立証されました。

この理論をDMやFAX、ウェブサイトの広告コピーで応用し

たものが次のようなテクニックになります。

封書に「大切なあなたに特別な情報」と書かれていたので開封し、手紙や同封のチラシを読みます。そして、手紙やチラシの最後にこう書かれています。

「さらに詳細な情報はこちらのサイトへ→http://www.*****」

「さらに詳しい情報をお知りになりたい方はお電話でお問い合わせください」

こうして「未完了の状態」に興味をもち、そのことが気になった人はサイトにアクセスをするわけです。

私は講演のときに、よく次のように話します。

「このスキルを使うと相手の本音がどこにあるのかを知ることができます。それについては……後半でお話します」

すると聞き手は「未完了の状態」が気になって、最後まで集中して話を聞いてくれることになります。

商品やサービスの説明をするときに、「実は今回このサービスには驚きの特典があります。他のお客様にも大好評なのですが、それは……後ほど説明するとしてこちらをご覧ください」と話すと相手の興味と好奇心を引き続けることができます。

人間心理
人は未完了の作業のことは気になって忘れられない傾向がある。

具体的行動
未完了な情報を提供することで次に期待がもてるようにしてお客様の興味を引きつけよう。

017　商品やサービスにハクを付ける方法

権威者の言葉を使うと、効果的に伝わる

次の文を読んでみてください。

　決してうつむいてはいけない。
　頭はいつも上げていなさい。
　目でしっかりとまっすぐ世界を見るのです。

勇気が湧くようないい言葉ですね。では、もう一度。

　決してうつむいてはいけない。
　頭はいつも上げていなさい。
　目でしっかりとまっすぐ世界を見るのです。
　　　　　　　　　　　　　　　　― ヘレン・ケラー

　2つとも同じフレーズですが、ヘレン・ケラーという文字が入っているかいないかで受ける印象が大きく違ってきます。人や事物の権威の後ろ盾を借りることを「**権威効果**」といいます。
　こういった権威の後ろ盾を商品やサービスに付加できれば、その商品やサービスは影響力や説得力を持つことになります。

第1章　すぐに効果が出る販促マーケティング術

　私はセミナー中に参加者の方に向かってよくこう言います。
「小才は、縁に出会って縁に気づかず。中才は、縁に気づいて縁を生かさず。大才は、袖すり合った縁をも生かす。……これは柳生家の家訓です。今日、ここで隣り合ったのも何かの縁かもしれませんね。それではここで隣の人と自己紹介タイムとしましょう」
　私が意図するのは「隣の人と自己紹介してください」ということです。しかし、「隣の人とお互いに自己紹介してください」と伝えると恥ずかしがって協力しない人が現れます。そこで、「柳生家の家訓」と言うことで権威効果が働いて説得力が増します。
　相手にメッセージを伝えたいときには、「京セラ創業者の稲盛会長の言葉なんだけど、組織とは……」とか、「マーク・ザッカーバーグも言っているようにSNSの重要性って……」というように、発言に後ろ盾となる人を入れると効果が高まります。
　商品やサービスを説明するPOPやカタログにも、「トヨタでも採用されている在庫管理システム機能です」「巨人の○○選手が愛用しているスポーツメーカーの」「芸能人の○○さんも愛用している」、あるいはもっと小規模に「○○商工会議所認定地域優良特産品に認定された」「○○コンテストで入賞した」といったように権威を含めると効果的だということです。

人間心理
　同じことを伝える場合でも権威の有無でその説得力が異なる。

具体的行動
　商品やサービスに権威を与える影響力のある人、組織、受賞歴、資格等がないか考えてみよう。

018 商品やサービスに信用力を付ける方法

誰もが信用する人の推薦は信じやすい

　出版プロデューサー川北義則さんの著書『遊びの品格』（中経文庫）に次のようなフレーズがあります。
　「『うちの煎餅はうまいよ』と伝えたかったら、『あの人も食べているんだ。それなら』と誰もが信用するような異業種のプロに『あの煎餅はうまい！』と語らせるのがいちばん宣伝効果が大きい、というわけだ。」

　つまり、自分のお店の煎餅を宣伝をしたかったら、たとえば町の有名旅館の女将に「あの店の煎餅はうまい！」と言ってもらう。
　町の有名レストランのシェフに「あの店の煎餅はうまい！」と言ってもらう。
　町で一番のすし屋の大将に「あの店の煎餅はうまい！」と言ってもらう。
　町で一番の饅頭屋の店主に「あの店の煎餅はうまい！」と言ってもらう……ということです。

　なにも働きかけをしなければ、誰も自分のお店や会社のことをほめてはくれません。そこで、積極的にクチコミが広がるしくみ

をつくり出すのです。自分から商品やサービスを連呼するのではなく、誰かの口から良い評判を立てるのです。

扱っている商品やサービスが良いものであれば、地元の商工会議所、商工会、法人会、商店会などの人脈を頼ってクチコミを依頼するという方法もあります。

そこで了解がもらえたら、チラシやDM、POP、ポスターなどの販促物を使ってPRします。

「あそこの煎餅はうまいよ！」

と、煎餅を食べている姿を撮影させてもらって、販促物にその写真を入れるだけです。

それなりの第三者の推薦は、「ウチの煎餅は味が自慢です」と自ら100回PRするよりも効果が期待できます。

心理学的に言えば、「**社会的証明の原理**」や「**権威効果**」、「**オーバーハード効果**」が働くのです。権威効果は前項で説明したとおりです。社会的証明の原理とは、他人の行動を見てそれにつられて自分も同じ行動を取るようになることです。オーバーハード効果とは、利害関係のないまったくの第三者からの意見に信憑性を感じてしまうことです。

商品サービスの信頼や信用をお客様に伝えるコツは、自分からいいというのではなく、第三者の権威を借りることです。

人間心理
権威ある第三者の推薦に人は信用や信頼を感じる。

具体的行動
地元の商工会等の人脈を活用して、商品・サービスを評価してもらうコメントや推薦の言葉を集めよう。

019 テレビの影響力を活用する方法

テレビで紹介されたことは信じやすい

　ある商品を買うためにホームセンターに出かけたときのことですが、似たようなものの中からどれを買うか迷いました。そのとき、次のキャッチコピーが目に入った瞬間、迷いが一気になくなりました。
「NHKでも紹介されました！」

　私は、「NHKで紹介されたのなら、まあ効果があるのだろう……」という判断に至ったわけです。つまり、前項と前々項で紹介した「**権威効果**」が働いたのです。

　さて、あなたもこのマスコミの力をビジネスに応用できないでしょうか？
　できますよね。
　えっ？
「ウチはNHKから取材なんか来ない！」
……そうですね。でも、取材を受けなくてもいいんです。
　たとえば、
「NHKでも紹介された!!　ニンジンに隠された驚きのダイ

エット効果」

　というPOPをニンジンの横に立てたらどうでしょうか。もちろん、あなたが育てたニンジンでなくてもよいわけです。テレビで報じられたことをPOPなどで訴求すればいいだけです。

　また、リフォーム業であれば、「○○テレビでも紹介されていた!!　今、流行の吹き抜け天井があなたの自宅にも簡単に作れる！」といったチラシの作成もできます。
　取材を受けなくても、テレビ番組で放送されていた内容を自社の商品に関連付けて訴求すればよいわけです。

　一時期、とても人気の高かったテレビアナウンサーが健康に良い食材をテレビ番組で取り上げるたびに、地元のスーパーでは次のようなコピーを見かけました。
　「人気アナウンサーMさんが紹介していたトマトの効果とは？
　トマトに含まれるリコピンがガンや動脈硬化などの原因になる活性酸素を減らしてくれる効果が期待できます。特に運動不足の方は積極的にトマトを食べましょう」
　このPOPがトマトの横に設置され、トマトがどんどん売れていきました。

人間心理
　人はテレビ、新聞、雑誌、ラジオ等から発信される情報を信じやすい。

具体的行動
　あなたの商品やサービスに関する情報がマスコミで紹介されていないかチェックしてみよう。

020 商品やサービスをNo.1にする方法

No.1や第1位に
人は関心を寄せる

　私の名刺には、「出版書籍はアマゾン書店のマーケティング部門第1位を獲得」と書いてあります。
　それを目にした人からは、「第1位ですか！　スゴいですネ」とよく言われます。やはり第1位の影響力って大きいですよね。

　これは心理学の「**限定条件下の事実**」という考え方を応用しています。限定条件下の事実とは、ある限られた条件のもとにおいてのみ当てはまる事実のことです。
　実は私の第1冊目のアマゾン第1位というのは、総合ランキングではなく「マーケティングカテゴリー」という小分類での第1位でした。つまり、「ある限られた条件のもとにおいてのみ当てはまる事実のこと」である限定条件下の事実になるわけです。
　ビジネスでは誇大広告や誇張はダメですが、条件を限定すればほとんどの会社やお店には第1位が必ずあります。

　ある講演会場でのことです。参加者の中に自動車販売会社の専務がいらっしゃいました。その方に「あなたの会社のナンバーワンは何ですか？」と訊いたところ、「福祉車両の取扱高は県内で

一番多いと思う」ということでした。

その販社では、それまで会社のキャッチコピーは、『車のことならなんでも＊＊モータースへ』でした。

これよりも、『福祉車両取扱高埼玉県下ナンバーワンの実績 福祉車両のことならなんでも＊＊モータースへ』にすべきだと思いませんか。

人は「第1位」「ナンバーワン」「ベストワン」という言葉に大きな関心を寄せたり、無意識にプラスのイメージをもつものです。
「通販部門売上げナンバーワン」
「麦の新ジャンル売上げNo.1」
「シェアナンバーワン」
「おとりよせネットのスイーツ人気ランキング第1位」
「ブラック缶コーヒー市場でNo.1」

このように、あなたも「ナンバーワン」を探して、「これは○○でナンバーワンの商品です」といった訴求すれば、お客様に良いイメージをもってもらえるということです。

人間心理
人は第1位、ナンバーワンに大きな影響を受けやすい。

具体的行動
日本一や県下一番でなくてもかまわない。創業年数、社員数、品揃え、平均年齢、入賞数等条件や地域、期間を限定すれば必ず1位のものがあるはず。それを探して名刺、営業資料、サイトコピーに掲載しよう。

021 他人の評価を活用する方法

多くの人が賛同する意見には
なんとなく同意してしまう

　自分の考えに100%の自信をもつ人は少数です。
　そのため自分の考えの正しさを他者の考えとの比較を通して考える場合が多くなります。
　つまり、同じ意見の人が多いと「自分の考えは正しい」と判断するなどです。
　人は、多くの人が賛同するものや、多くの人が評価するものに価値を置きやすくなります。これを**「社会的証明」**といいます。
　簡単に言うと、「あの人はいい人だ」と言う人が多いと「あの人はいい人なんだろう」と考える人が増えるということです。

　通販番組で次のような声が次々と紹介されるのを見たり聞いたりしたことがあるはずです。
　「最初はホントに効果があるのかな？　と思っていたのですが、使ってみて驚きました。もう今は手放せません」
　「使い始めて1ヵ月位で効果が出始めました。私と同じような悩みをおもちの方にはおススメします」

　こういった他の人の感想や意見を聞くと、「きっとこれは良い

ものに違いない」と考える人が増えてくるのですが、これが「人は多くの人が賛同するものや、多くの人が評価するものに価値を置きやすくなる」＝社会的証明と言われる心理学の概念です。

人間心理
　人は多くの人が賛同するものや、多くの人が評価するものに価値を置きやすくなる。

具体的行動
　販売促進策として、多くの人が同意していることを訴求しよう。

022 売れてることの演出法

棚の商品が少ないと、売れていると思われやすい

　商品を山積みするディスカウント店ドン・キホーテでは並べ方の工夫として、棚の一角を空けておくという話を聞いたことがあります。すると、その商品が売れているように見えるわけです。
　店頭販売のカリスマ河瀬和幸氏の著書『また、売れちゃった！』（ダイヤモンド社）にも商品の陳列時には整然と並べずに一角をわざと崩して空けておくテクニックが紹介されています。

　棚一杯に商品を詰めるのではなく、わざと一角を減らしておく、山積みの商品の一角もわざと減らしておくと、その棚を見たお客様が「これ、売れてるんだ！」と考えてその商品を買うことが多くなるわけです。

　心理学的に言うと「**希少性**」と「**社会的証明**」と「**同調効果**」が複合的に機能していることになります。
　希少性とは、数の少ないもの、あるいは手に入りにくいものに人は価値を見出す傾向があるというもの。社会的証明とは、多くの他者の意見や行動に影響を受けるということ。同調性とは、人は自分の行動を他者の言動に合わせたがる、または近づける傾向

第1章　すぐに効果が出る販促マーケティング術

がある、ということ。
　ということは、あなたの会社やお店でも「希少性」と「社会的証明」と「同調効果」を印象づけることができればよいわけです。

たとえば、次のようなことが考えられます。
- 商品の陳列棚の一角をわざと空けておく。
- カタログに「人気のため在庫僅少」と記載しておく。
- POPに「人気です」「売れてます」「売れ筋です」と書く。
- 「最近はこの機種を導入する会社が多くなっています。」といった売り文句を入れ、他社の導入事例を見せる。
- お客様が大勢お店に入っている様子を他のお客様に見えるようにする。あるいはその様子を撮影し掲示する。
- 駐車場スペースが空いている場合にはスタッフの車もお客様用のスペースに停めておく。
- 配送予定の商品が山になっている様子がお客様に見えるようにする。

　商売は常に「整然」がよいというものではありません。時には「空ける」「減らす」「混雑を見せる」といったことでお客様に「売れている」ことを印象づけることも大切です。

人間心理
　人は商品棚の一角が空いているとその商品が売れていると感じやすい。

具体的行動
　あなたのお店でも販売したい商品の陳列棚の一角をわざと空けてみよう。その近くに「人気のため在庫僅少」と記載したPOPを設置しよう。

023　音による購買行動促進法

BGMのテンポによって
購入額が変わる

　私は30代の頃に開催していたパソコン教室で、BGMを流すと受講生の声が大きくなり、BGMを止めると声が小さくなることに気づきました。BGMといってもFMラジオでしたが、音量を絞って流していました。

　人は静まりかえった環境ではなかなか声を出しにくいし、しーんとして静かな場所では周囲への遠慮から音を立てることを控えるようになります。

　私の講演では開演前に持参したスマホで会場に小さな音のBGMを流しています。かなり小さな音で流していますが、このBGMによって会場内の空気が和みます。

　人の購買行動は、音に影響を受けることが心理学の実験からもわかっています。

　1982年に米国ロヨラ大学のロナルド・ミリマン教授が音に関する次のような実験を行いました。スーパーマーケットでアップテンポのBGMとスローテンポのBGMを流します。その比較によって、来店客の購買行動がどう変わるのかを調べました。

　その結果、アップテンポだと顧客の滞留時間は短くなり、購入

額が低くなりました。スローテンポだと滞留時間は長くなり、顧客はゆっくり買い物をし、その結果、購入額も増えたのでした。

また、米国フェアフィールド大学がカフェで行った実験もあります。アップテンポのBGMとスローテンポのBGMを流し、お客様が1分間に食べ物を口へ運ぶ回数を計測した実験です。その結果は次のとおりでした。

- テンポが速いときは、4.4回
- テンポが遅いときは、3.83回
- BGMがないときは、3.23回

これによれば、たとえば飲食店では回転率を上げたいランチタイムはアップテンポにすることで売上げが増え、ディナータイムはスローテンポにして、ゆっくりと食事をしていただいて滞在時間を増やせば売上げが増えるかもしれません。

また、アイデア出しの会議ではアップテンポなBGMが流れていたほうが多くのアイデアが生み出されるかもしれません。

プレゼンや商品発表会の場では重厚なクラッシックをBGMに使うと商品のクオリティに重みを感じさせることもできます。

人間心理

人の購買行動は音からも影響を受ける。音の種類によって行動が変わる。

具体的行動

店内で流すBGMのリズムやテンポを変えてみて、それによりお客様の行動変化を観察してみよう。

024 繁盛を演出する法

電話が一斉に鳴ると、繁盛しているように見える

　通販番組でこんなコメントを聞くことがあります。
　「どうやらコールセンターではもうすでにお電話が鳴りはじめているようです。ご希望の方はお急ぎください」
　本当につながりにくい場合もあるでしょうけれど、多くの場合、「忙しさの演出」を行っているのです。
　真剣に購入を検討している人にとってはこの「忙しさの演出」は大切なのです。これらの「忙しさの演出」によって、真剣に購入を検討している人がすぐに電話をかけるようになり、「忙しさの演出」が「本当の忙しさ」をもたらすのです。

　私の知り合いの小売店の社長はレジの後ろにわざと「地方発送用」と書かれた棚に宅急便伝票の束をどっさりと置いています。これを見たお客様に、「このお店はずいぶんと繁盛しているのだな。地方発送の伝票の束があんなにたくさんある」と感じてもらうためなのだそうです。
　また、土産物店を経営する社長は「○○ご一行様」と書かれた歓迎看板をいつもお店の前に掲出しています。これもお客様に「ここは繁盛しているお店だな」と認識してもらうためです。

第1章　すぐに効果が出る販促マーケティング術

　もし、あなたが病院で「それほど忙しくないので、すぐに手術できますよ」と言われた場合と「手術は3ヵ月先まで予約で一杯です。その後であれば予約できます」と言われた場合とでは、どちらを腕の良い医者だと判断するでしょうか？

　人は「忙しそうな人」に仕事を頼みたくなり、「忙しそうなお店」に入りたくなり、「忙しそうな人」から買いたくなります。
　きっとあなたも「暇で暇で仕方のない会社」には仕事をお願いしたくないし、「暇そうなお店」には入りづらいし、「暇そうな旅館」には泊りたくないはずです。
　「忙しそう」だから実際に「仕事が入って」きて、その結果として本当に「忙しくなる」ことも大いにあるのです。
　人は自分が仕事を依頼する立場だと忙しい人にお願いするのに、仕事を受ける立場に回るとなぜか暇な人を演出しがちです。
　あなたは間違っても、「暇です。仕事をください」なんて言ってはダメです。「ちょっと立て込んでいますが、なんとかします」と言わなくてはいけません。
　人は「忙しそうな店」が好きで、「忙しそうな会社」や「忙しそうな人」に引き付けられるのです。

人間心理
　人は「忙しそうな人」に仕事を頼みたくなり、「忙しそうなお店」に入りたくなり、「忙しそうな人」から買いたくなる。

具体的行動
　お客様をだますことなく、正しく繁盛している様子を演出するにはどんな方法があるかを考えてみよう。

第2章

お客様の心にささる広告&コピー術

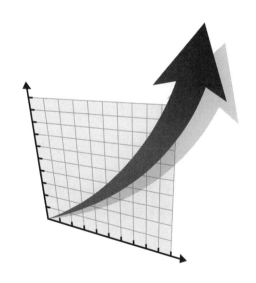

025　ターゲットを絞り込むコピー術①

自分の関心事には
人は振り向く

　マーケティングの基本原則としてよく言われること、
それは、「**ターゲットを絞りなさい**」ということです。
　ビジネスでは不特定多数の人を相手にするのではなく、性別や年齢、趣味、嗜好、年収などから販売対象の層を絞り込むことが重要です。
　限りのある予算や時間などを使って不特定多数に向けてセールス、広告、マーケティング活動を行うと費用対効果の面で無駄が多くなり、収益性が悪くなるからです。

　キャッチコピーは見込み客に対する呼びかけ、注意喚起の意味をもちますが、
　「みなさん、聞いてください！　いい話がありますよ」
　といったように不特定多数を相手にしたキャッチコピーは無駄撃ちが多くなります。
　そのため、「これは自分のことじゃないか！」「私に向かって言っている！」と思ってもらえるキャッチコピーとは何かを考えなくてはなりません。

私が常々、これこそ名コピーだと思うものがあります。
「体脂肪が気になる方へ」
これは花王のトクホ飲料「ヘルシア緑茶」が発売されたときのキャッチコピーです。当時、メタボ解消がビジネスパーソンの関心事として大きくなりはじめた頃でした。
「健康に関心がある方へ」とか「快適な毎日を送りたい方へ」といった不特定多数の人への漠然とした訴求の仕方ではなく、ターゲットを「体脂肪を気にしている人」に絞り込んだことで、訴求対象の人を「あっ、私のことだ」と商品に振り向かせることができ、大ヒット商品になりました。
現在では、「ヘルシア緑茶」そのものの認知が十分進んでいるので、商品の特長をよりわかりやすく説明した「脂肪を代謝する力を高め、体脂肪を減らすのを助ける」にキャッチコピーは変わっています。

商品やサービスをどんなに強烈に売り込んでも、「これは自分に関係がない情報だ」と思われてしまうと、その時点でお客様は相手にしてくれません。
だからこそキャッチコピーで、
「あっ、これは俺のことだ！」「私のことだわ！」
と、自分が関心のあることだと認識してもらうのです。

人間心理
人は自分事だと思わないと振り向いたりしない。

具体的行動
キャッチコピーは訴求対象を絞り込んでつくろう。

026 ターゲットを絞り込むコピー術②

「〇〇で困っている方へ」と、呼びかける

「肩・腰・ひざなどの長引く痛み、ぶり返す痛み
『もう悩みたくない』という方！
漢方に学んだ医薬品『痛散湯(つうさんとう)』にお任せください」

これも前項と同様、ターゲットを特定したキャッチコピーのひとつです。

人の悩みはさまざまです。
「健康の悩み」「仕事の悩み」「ダイエットの悩み」「人間関係の悩み」「お金の悩み」「人生の悩み」「髪の悩み」「就職の悩み」「異性の悩み」「不眠の悩み」「家族の悩み」「ペットの悩み」「口臭の悩み」「料理の悩み」「事故の悩み」「借金の悩み」「ストレスの悩み」「肩こりの悩み」「腰痛の悩み」「膝痛の悩み」「結婚の悩み」「子育ての悩み」「介護の悩み」……。

知人が以前、こんなことを言っていました。
「営業とはセールスではなく、相手の困っていること、悩んでいることを探すことである」

まさに至言です。

しかし、広告では訴求対象の困っていることや悩んでいることを探すことはできません。

だから、困っている人や悩んでいる人にこちらの存在に気づいてもらう必要があります。

その場合に、

「○○で困っている方へ」

とキャッチコピーで呼びかけることが有効です。

そこで訴求対象が振り向いてくれたら、

その人たちへの情報提供
　　↓
商品やサービスの具体的な説明

へと展開していきます。

人間心理
人は自分が困っていることへの情報に対して、小さなことでも関心を寄せる。

具体的行動
商品やサービスがもつ機能がどんな人たちの悩みを解消するのかを特定し、その部分を訴求対象が自分事だと思うコピーをつくってみよう。

027 奇数をコピーに入れる方法

日本人は偶数よりも奇数を好む

　広告コピーを眺めていると、特長を表すポイントを示すとき、偶数ではなく奇数が多いことに気づきました。
「**働く女性に贈る5つのレッスン**」
「**幸せなキャリアを掴む5つの秘訣**」
「**生ビールのおいしさ3つのヒミツ**」

　こうしたコピーから、「日本人は奇数が好きではないか」という仮説を立て、いろいろとインターネットで調べてみました。
　その結果、とくに「3」「5」「7」が多いことを知りました。冠婚葬祭の祝儀不祝儀は奇数の金額を包みます。
　昔のデータですが「ほぼ日刊イトイ新聞」で
「あなたは偶数が好きですか？　奇数が好きですか？」
というアンケート調査の結果が発表されたことがありました。2004年のことです。
　このアンケート（総回答数5791人）によると
- 52.8%の人が奇数が好きと回答
- 年齢を経るほど奇数好きになる傾向がある
- 女性のほうが奇数好き

● 最も好きな数字の上位は「3」「5」「7」

この特性を広告などに使う場合、あなたの扱う商品やサービス、特典の中で他社とは差別化できる要素や特徴がいくつかある場合には、それらを「3」「5」「7」と結びつけて表現すると効果的だということです。

たとえば、あなたの会社で請け負うリフォーム工事には他社にはない差別化ポイントや施主さんに喜ばれているいくつかの項目があるとします。
その場合には、
「家族全員が満足するリフォーム工事なら当社にお任せ！」
といったキャッチコピーよりも、
「家族全員が満足するリフォーム工事3つのポイント！」
として、項目を「3」「5」「7」にまとめるとよいということです。

また、訴求対象にキャッチコピーで印象に残す常套手段のひとつに「具体的な数字を使う」というものがあります。
「4人にひとりが選んでいます」
などのように、具体的な数字を使うと印象が強くなる傾向が認められています。

人間心理
偶数よりも、「3」「5」「7」などの奇数を好む調査結果がある。

具体的行動
自社、自店の特徴をいくつか訴求する場合、奇数で羅列してみよう。

028　イエスを引き出す法

はじめに「イエス」と答えると、次に「ノー」と言いづらい

「あなたの町をもっと良くしたいと思いませんか？」
こう聞かれたら、普通は「はい！」と答えると思います。
実は人間は相手に対して何回か賛同（Yes）の態度を示すと、その後には反対意見（No）を唱えたり、反論をしづらくなる傾向があると言われます。
そのため、意図的に相手の答えが「イエス」となる質問を織り込んだセールステクニックを「**イエス誘導話法**」といいます。

たとえば、
「ブログを使って副収入を得たいと思いませんか？」
「あなたの住む町をもっと良くしたいと思いませんか？」
「一杯のお茶で脳卒中を予防できたらいいと思いませんか？」
たいていの場合、ほとんどの人が「イエス」と回答します。

このような問いかけにあなたが「イエス」と答えると、続きは次のようになります。
「実は4月から『ブログで月商100万円を得るサイドビジネス講座』が始まります。学んでみませんか？」

「町に子供たちが安心して遊べる公園を建設する署名活動に協力してくれませんか？」

「今なら、小容量の柿の葉茶が送料無料で500円で用意してあります。お試しにいかがですか？」

はじめに「イエス」という意思表示をしたら、これらの勧誘に対して毅然と「ノー」とは言いづらくなるのです。

この心理をキャッチコピーづくりに活用するのが「イエス誘導話法」です。

人間心理
はじめの質問で「イエス」と答えた後の次の質問では「ノー」と言いづらくなる。

具体的行動
商品販促のキャッチコピーをつくるとき、まずは訴求対象が受け入れやすい問いかけを行うようにしよう。

029 マジックワードを使ったコピー術

インパクトの強い単語は
記憶にとどめやすい

「ウルトラ・ダイエット発売中!」
「驚異のウルトラ・ダイエット新発売!
誰でも無理なくできる3つのシンプルノウハウ」

　この2つのキャッチコピーのうち、どちらが関心が湧くでしょうか。
　どちらかと言えば、後者のほうではないでしょうか。
　実は後者のキャッチコピーには魔法の言葉(マジックワード)が含まれているのです。
　魔法の言葉には、次のようなものがあります。

- ◎ **前代未聞**　前代未聞の講習会を無料開催中!
- ◎ **空前絶後**　空前絶後! ワケあり商品を大バーゲン
- ◎ **緊急告知**　緊急告知! 業界初の○○イベント開催決定
- ◎ **業界初**　業界初! ハイブリッド二輪車発売!
- ◎ **史上初**　史上初! 宇宙旅行ツアー発売開始
- ◎ **初公開**　初公開! 人気キャラ○○の新バージョン
- ◎ **新開発**　新開発! 工事用○○の安全性能が50%アップ

第2章 お客様の心にささる広告&コピー術

- ◎ **新発見** 新発見！ 都心から日帰りできる穴場秘湯
- ◎ **驚異** 驚異のゴルフ上達法 3ヵ月でシングルプレイヤー
- ◎ **保証** 保証します！ 施行後3年間無料点検
- ◎ **話題沸騰** 主婦の間で話題沸騰の手抜き料理本
- ◎ **警告** 警告！ 小学生のメタボはジュースにあり！
- ◎ **魔法** 毎日、コップ1杯でアルカリ体質に変わる魔法の水
- ◎ **絶賛** 絶賛！ 歯科医が薦めるチタン歯ブラシ
- ◎ **流行** 西海岸で大流行のニュースポーツ、日本上陸！
- ◎ **テレビで話題** テレビで話題のダイエット法
- ◎ **究極** 究極の安眠枕○名様にプレゼント
- ◎ **速報** 速報！ 今から12時間以内なら半額で提供！
- ◎ **奇跡** 奇跡が起こる！ 半日断食ダイエット法
- ◎ **衝撃** あの商品が衝撃の価格で！

これらの魔法の言葉をキャッチコピーの文頭、文中、文末に活用することにより、普通のコピーが印象度の強い文章に変身します。

人間心理
強いインパクトの短い単語は、受け手側の目や耳を惹くと同時に、強く印象に残る。

具体的行動
キャッチコピーをつくるときに、訴求対象にインパクトを残す単語は何かを考えてみよう。

030 価値を上げるコピー術

お客様が買っているのは
商品ではなく、付加価値

　商品やサービスには、2つの価値があります。その2つとは、「商品価値」と「評価価値」です。

　商品価値とは、その商品が本来もっている本質的な価値のことです。評価価値とは、その商品を取り巻く付加価値によって形成される価値のことです。

　たとえば、リフォーム会社のチラシのコピーで、

　「子ども部屋のリフォームをします」

と書くのは、建築工事という商品価値を訴求していることになります。それが、

　「頭の良くなる子ども部屋にリフォームをします」

だと「頭の良くなる」というお客様にとってベネフィットにつながる価値が付いています。これが、評価価値になります。

　「シュークリームいかがですか？」は商品価値の訴求です。

　「ふたりで食べると恋が叶う！　ハッピーシューはいかがですか？」であれば、評価価値になります。

　ところで、お客様はモノやサービスの本当の価値＝商品価値というのは案外わかっていないものです。お客様はモノやサービスの本当の価値＝商品価値がわからないから「お客様」なのです。

第2章　お客様の心にささる広告&コピー術

　もし、モノやサービスの本当の価値＝商品価値がわかっている人がいたらそれは「プロ」です。同業者です。その方たちは「お客様」にはなりません。

　実はお客様の多くは商品価値ではなく、評価価値に惹かれて商品やサービスに魅力を感じます。その評価価値を上げる（高める）方法論はいくつかありますが、その中で最も簡単な方法はネーミングやコピーをよく考えることです。

　たとえば、次のコピーではどちらのお蕎麦を食べたくなるでしょうか？
「おいしい新そば」
「信州産そば粉のみを使用。
　　　　　　　　朝3時から手打ちの新そば1日限定50食」
　前者は商品価値だけのコピーですが、後者は評価価値を訴求しています。「おいしい」のではなく、「おいしそう！」と思ってもらう価値が評価価値です。もう一例。
「人気の芋焼酎　入荷」
「酒屋の店主だけが知っている幻の芋焼酎　入荷」
　このように、評価価値とはお客様の興味関心は何かをお客様起点で考えて、できるだけ短い文章で端的に表現します。

人間心理
　商品やサービスの価値には、「商品価値」と「評価価値」の2つがある。

具体的行動
　評価価値を上げる最も簡単な方法はネーミングやコピーをよく考えること。そのコツは興味関心を刺激することは何かを深く考えること。

031 KSKK文章作成法

淡白な文に感情を入れると、臨場感や現実味が出る

　ブログやフェイスブック等ソーシャルメディアの中心的な情報発信手段は文章となります。文章を書くことは書き慣れている人や得意な人にとっては楽しい作業ですが、苦手としている人は作業がなかなかはかどりません。

　そうした人でも簡単に文書作成ができる「**KSKK文章作成法**」というテクニックがあります。次の頭文字を取って命名された手法です。

　K＝感情
　S＝思考
　K＝行動
　K＝会話

　この「感情」「思考」「行動」「会話」の要素を文章に取り入れると臨場感や現実味のある文章が書けるようになります。

　たとえば、「私は部下に怒りを感じて、怒鳴りつけてしまった」という文章はとても淡白な感じがします。

　ここに「感情・思考・行動・会話」を加えて表現すると次のようになります。

「私は部下の『この書類のどこに間違いがあるんですか!』(会話＝話し言葉)というひと言に強い怒りを感じ(感情)、『こんなに一生懸命に教えているのに、なぜ彼はわかってくれないのだ』という悔しさが頭をよぎりました(思考)。次の瞬間に頭に血が上り、手はワナワナと震えだし、思わず相手を怒鳴りつけてしまったのです(行動)」

　こうすると淡白だった文章に現実味が出て、その場の状況がぐっとわかりやすく変わります。

　このように、「感情」「思考」「行動」を意識したり、「会話(話し言葉)」を挿入することを注意して書くだけで、文章に立体感が生まれてきます。

　ソーシャルメディアを使っての情報発信するときに注意が必要なのは、「相手に共感してもらうこと」です。

　書き手としては理解しているつもりでも、読み手としては理解できなかったりすることもよくあります。

　その際に必要なのが、「この内容で読んでほしいと思っている人(読者)にわかる内容になっているか」という、第三者の目からの検証です。読み手に説明が足りないと思えば、「KSKK」の視点で文章を補足すれば、徐々に立体感のある文章に変わっていきます。

人間心理
　「感情」「思考」「行動」「会話」が入った説明は現実味が出る。

具体的行動
　文章を書いたら「感情」「思考」「行動」「会話」の視点で推敲しよう。

032　承認を得やすくする説得法

簡単な要求を承諾すると、次の要求は断りにくい

　社会心理学者チャルディーニが大学生を被験者にした説得テクニックについての有名な実験があります。

　その実験とは、「朝7時から始める心理学の実験に協力してください」と大学生たちに伝えます。早朝だということで承諾したのは31％にとどまりました。

　次に、「心理学の実験に協力してください」と要請したのちに「実験は朝7時から始まるので間に合うように来てください」とお願いすると、承諾した学生は56％に増えました。

　このように最初に相手が受け入れやすい情報を伝えて承諾を得て、その後でネガティブな情報を提供するとネガティブな情報も受け入れられやすい、ということがわかりました。これを「**ロー・ボール・テクニック**」といいます。

　ロー・ボール・テクニックとは、初めに相手が取りやすいロー・ボール（低い球）を投げれば、その次には取るのに難しいハイ・ボール（高い球）も取ってしまうという心理術です。

　たとえば、次のようなPOPはどちらが効果的でしょうか？

A:「タブレット50%オフ。ただし展示品につきキズあり」
B:「キズありタブレット50%オフ!!」

最初にロー・ボールを投げるという観点からAのほうが効果的なコピーといえます。

また、小売店などで商品購入決定後に「実は、保守費が別途必要になります」「アダプターは別売りです」「在庫があるのはこのサイズだけとなります」と言われるのも、ロー・ボール・テクニックを使っています。

真面目な人ほど最初にハイ・ボールを投げてしまいがちですが、人の心理を考慮すると最初に投げるのはロー・ボールのほうが効果的です。

また、自分自身がロー・ボール・テクニックによる説得を受けたと気づけば、「一度購入する意志を表示したのにそれを覆すのは言いづらい……」と考えずに、冷静に提示された条件を分析・判断し、「保守費が別なら他のものを探します」「では、少し検討する時間をください」ときっぱりと対応することが必要です。

人間心理
人は最初に受け入れやすい要求を承諾すると、その後で受け入れがたい要求も承諾する傾向がある。

具体的行動
相手にリクエストをするときは最初に相手が受け入れやすい要求を出すようにしよう。

033 積極的に売り込まずに売る方法

絶対に見るなと言われると、無性に見たくなる

「お願いです。このページは読まないでください！」と書いてあると、不思議と他のページよりもより読みたくなるものです。「この箱の中を見てはいけません」と言われると、なぜか無性に見たくなったりします。「絶対にそこへ行ってはいけません」と言われると、ついそこへ行きたくなります。

人は断られたり、禁止されると、逆にその対象に対して興味が湧くという性質があります。

本来、自分には読む読まない、見る見ない、食べる食べない、行く行かない、聞く聞かないには選択権があります。

しかし、それを制限されると不安定な心理状態になります。それを回復しようという心理が働くのです。

これを心理学では「**カリギュラ効果**」といいます。1980年に米国で公開され、過激なシーンで話題になった映画『カリギュラ』の公開規制により、かえって観たがる人が増えた現象から命名された心理用語です。

こういった人間心理を理解しているコピーライターやセールス

マンは、「まだ申込をしないでください」とか「お願いですからまだ買わないでください」といった表現を使い、逆に購買意欲を刺激します。

　私はネットで販売しているセミナーDVDについての問い合わせをいただくことがあります。
　「飲食店経営に、このセミナーDVDは役に立ちますか？」というお客様からの問い合わせに対し、「これまでも飲食店関係の方にはお買い求めいただいていますが、規模や業態によっても差が出ますから、急いで購入を決めないほうがいいと思います。他のサイトの商品も検討してみてください」と答えたりします。
　すると不思議なことに、次のように相手が買う理由を探し出してくれることが多いのです。
　「いえ、友人から勧められたので大丈夫だと思います。今日申し込むといつ頃届きますか？」

　この禁止法は頻繁に使うと効果が薄れますが、ポイント的にセールストークや広告で使用すると意外に効果があります。

人間心理
　人は断られたり、禁止されると、逆にその対象に対して興味が湧く。
具体的行動
　交渉、セールス、接客の場面であえて販売しない、契約させないことを伝えてみよう。

034 不安を煽って行動喚起に結びつける法

失敗したくないと思うと、行動力が上がる

　人間には2つの方向の欲求があるといわれます。

　ひとつがプラスの方向、つまり前向きな欲求です。「幸せになりたい」「金持ちになりたい」「資格を取りたい」といったものです。

　ただし、前向きな欲求は多くの人がもっていますが、なかなか「行動」につながらないという特徴があります。

　「幸せになりたい」と思っても幸せになるための方法を具体的に考えて、行動を起こす人はなかなかいません。「金持ちになりたい」と思っても今日から投資や金融の勉強をしたり、商売をする準備を始める人は少ないし、「資格を取りたい」と思ってもすぐには資格取得の講座や学校への申し込みをする人は少ないものです。

　一方、欲求のもうひとつがマイナスの方向、つまり後ろ向きな欲求です。「失敗したくない」「間違えたくない」「恥をかきたくない」「損をしたくない」「バカにされたくない」といった欲求です。

　後ろ向きな欲求の特徴は、前向きな欲求に比べて「行動」する人が多いことです。

　「この大事な仕事で失敗したくない」「みんなの前で間違った発言をしたくない」「このプレゼンでは恥をかきたくない」「この投

資で損をしたくない」「部下にバカにされたくない」と思うから、あらかじめ綿密な計画を立てたり、事前練習をしたり、対策スクールに通ったり、セミナーを受講したりします。

この原則によれば、もしセールストークや広告コピーで前向きな表現をしても、相手の反応が弱いときには、あえて次のBのような後ろ向きな表現を試すのも一考かもしれません。

(A)「あなたにはドレスはこのデザインがお似合いです」
(B)「このデザインであれば、どんなパーティーでも恥をかくことはありません」

(A)「このサービスが売上げに大きく貢献します」
(B)「このサービスにより大きなリスクが防げます」

(A)「簿記を勉強して将来に活かしましょう」
(B)「将来困ったことにならないためにも簿記の修得を!」

ただし、後ろ向きなコピーなどは不安を煽るため、多用するのは避けたほうがいいかもしれません。

人間心理
人は後ろ向きな欲求のほうが行動に結びつきやすい。

具体的行動
営業トークやキャッチコピーでの後ろ向きな欲求の代表的なフレーズが「失敗しない」「ミスしない」「恥をかかない」「損をしない」など。不安を煽ることでお客様の行動喚起を刺激する場合にこうした表現を検討しよう。

035 罪の意識が残らない訴求法

手軽さを誇張すると、逆にネガティブに感じる

　人は「幸せになりたい！　絶対に幸せになりたい！」と思う反面、幸せなことが続くと、かえって不安になることがあります。

「やった！　明日から休暇でハワイだ」と喜んでも、心のどこかで「親を残していくのもちょっと気が引けるなあ。仕事も結構溜まってはいるのだけど……後輩に押し付けちゃって悪かったかな」という気持ちも出てきます。
　人の心は、快と罪の意識が常に葛藤しているものです。

　この心理を考えると、たとえば主婦向けに惣菜をPRするときに、
「毎日の調理の手間が省けてラクができます！」
という説明だけだと「快」のフォローだけで、「罪の意識」のフォローができていないことになります。
　調理をしない手抜き主婦という「罪の意識」が残ってしまうわけです。

　そこで、

「育ち盛りのお子さんのために！
　　　　手軽にできるおかずをもう一品増やしてみませんか？」
といったように罪の意識が残らないように訴求すると受け入れられやすくなるわけです。

人間心理
　人の心の中では快と罪の意識が常に葛藤している。

具体的行動
　セールストークや広告コピーでは「快」と「罪の意識」の両方をフォローしよう。

036　お客様の行動喚起を促す方法

名指しされると、行動を取りはじめる

　「**傍観者効果**」という心理理論があります。
　1964年にニューヨークで当時28歳の女性が自宅アパート付近で、男にナイフで刺殺される事件がありました。このとき、被害者の女性は30分以上にわたり犯人に3度も襲われ、その間、助けを求める叫び声を上げ続けていました。
　警察によると被害者の女性の助けを求める声を聞いた人は少なくとも38人にのぼったそうです。でも、警察に通報したのはたったひとりだけでした。しかも、その通報も女性が殺された後のことです。おそらく、事件を目撃した人もいたはずですが、多くの人は自宅近くで起きた事件に無関心だったわけです。

　社会心理学者のジョン・ダーリー氏とビブ・ラタネ氏はこの事件のことを調べ、さらに実験の結果から、多くの人が事件に無関心だった原因を次のように指摘しました。
　「多くの人が気づいたからこそ、誰も行動を起こさなかった」
　つまり、人間は重大な問題や状況に遭遇した局面では自分で責任を負うことを避け、「きっとそれは誰か他の人が対処するだろう」と考え、行動を起こさない傾向があるということです。

特にその問題や状況に関わっている人が多ければ多いほど「誰か他の人が対処するだろう」という思いは強まり、そして、「大勢の前で自分が関与して失敗するのは恥ずかしい」という思いも強くなります。これが「傍観者効果」です。

　こうしたとき、「傍観者」にさせないためには、次のように声を掛けるとよいと言われています。
　「（その人を指差しながら、）そこの青いシャツを着ているあなた。私は出血がひどくこのままでは死んでしまいます。今すぐに救急車を呼んでください」
　つまり、対象人物と具体的な行動内容をはっきりさせると相手は「傍観者」にならずに、行動を起こしやすいということです。

　この理論は、広告コピーなどに使えます。
　「みなさんにお得なお知らせです」といったように訴求対象も行動指針もアバウトであれば、お客様は傍観者になる可能性が高いものです。
　「西船橋にお住いの小学校低年のお子様をお持ちのお母さまへお得なお知らせです。今すぐに裏面をお読みください」
　というように具体的な対象者を特定し、取ってほしい行動を明示する必要があります。

人間心理
　人は名指しされて行動を指示されると自分事だと思う。

具体的行動
　広告コピーは訴求対象者と取ってもらいたい具体的行動を明示しよう。

037 お客様に嫌われないコピー術

自分のことばかり話すと、
相手はうんざりする

　年末にあなたの手元に友だちから二通の手紙が届いたとイメージしてください。一通は次のような手紙。

「先月、私はハワイに行ってきました。青い空と広い海と美味しい料理を毎日楽しみました。寒い日本とは違うので私もリフレッシュ！！（ハワイの写真を同封したので南国気分を味わってね）。

　そういえば、我が家の長男が有名私立高校に推薦入学が決まりました。サッカー部に入部予定で、今から応援に行くのが楽しみ。

　日本に帰ってきても、ワイン教室やダンススクールもあって何かと忙しいです（笑）。そんなよもやま話もあるので、来週、そちらに行く用事のついでに会えないかと思いますがどうでしょう？」

　もう一通はこんな手紙です。

「お元気ですか？　先日、久しぶりにメールを頂きとても嬉しくなりました。そういえばお子さんは来年大学受験ではありませんか。確か高校ではサッカー部のキャプテンだったと記憶しています。これから入学試験だと思いますが、志望校に合格できますように祈っています。来週、そちらに行く機会があります。よければ久し振りに会ってあなたの話を聞きたいです。寒さが厳しくなってきましたがご家族のみなさんお身体ご自愛くださいね」

第2章　お客様の心にささる広告&コピー術

　この二通を見比べて、親しさを感じるのは後者のほうだと思いませんか？　この違いが生まれるのは、なぜでしょうか？

　それは、主語が違うからです。前者の友だちの手紙の主語は「私」で、後者の友達の手紙の主語は「あなた」です。

　主語を「私」にして自分のことばかりを相手に伝えていたら、相手はあなたが退屈で自己中心的な人物だと感じます。

　ビジネスでも、お客様を前にして「自分の商品のこと」ばかりを話し、広告でも「自分の商品のこと」を自画自賛しているものは何となくうんざりします。

　だから、ビジネスの相手に何かを伝えたいなら、主語を「あなた」にしましょう。広告コピーなら主語は「この商品は」「わが社は」ではなく、やはり「あなた」です。

　「コンパクトサイズで高画質です」だと、主語は「私」です。

　これを「あなた（お客様）」を主語にすると、「ポケットに入れてどこにでも持ち歩けます。お気に入りの風景に出会ったらすぐにインスタ映えする写真を撮ることができます」となります。

　広告コピーでは「あなた（お客様）」を念頭に置きましょう。

人間心理
　人は自分のことばかり話したり、自画自賛する人にはうんざりする。

具体的行動
　キャッチコピーを考えるときは、「あなた（お客様）」を念頭においてつくろう。

038 広告の信頼性を上げる方法

発信者が誰かがわかると、信頼性が生まれる

次の2つを見て、あなたはどちらを信用しますか？

A

お客様には
誠実第一で
接します。

ベスト電器工業

B

お客様には
誠実第一で
接します。

ベスト電器工業
営業課　佐藤義男

　この質問を私のセミナーで質問すると、ほとんどの場合、個人名と顔があるBと回答します。これは、人は「顔の見えない不特定多数や組織」よりも「顔の見えるひとりの個人」に関心をもつ心理が働くからでしょう。

　2007年に心理学者D・スモールは寄付に関する実験を行いま

した。その実験に参加した人に次のように言いました。

「あなたにお支払いするこの実験の謝礼金の一部を、あなたは慈善団体に寄付することができます」

そして、被験者の半数（A）には何百万人もの人がザンビアで飢餓に直面している現状を説明しました。残りの半数（B）にはアフリカで飢餓に苦しむ7歳のひとりの少女の話をしました。その結果、B群はA群の2倍の寄付を行ったのです。

実際には、ひとりの少女よりも数百万人を救うほうが理にかなっています。でも、人は「顔の見えない不特定多数や組織」よりも「顔の見えるひとりの個人」に関心をもつのです。

この実験結果同様に、SNSもチラシもDMも営業ツールも情報発信をするときには「顔の見えない会社や店舗」からではなく、「会社や店舗の中の顔の見える個人」から情報を発信するようにしたほうが相手には強い関心をもってもらえます。

お客様は無機質な会社やお店に興味があるのではありません。関心があるのは「顔の見えるあなた」です。

人間心理
人は不特定多数や組織よりも、「顔の見える個人」に関心をもつ。

具体的行動
情報発信をするときには、訴求対象に関心や信用を抱いてもらうために発信者が誰かが具体的にわかるようにしよう。

039 権威で訴求するコピー術

第一印象の身なりが良いと、人格まで良く見えてくる

　アメリカの心理学者エドワード・ソーンダイクが1920年に発表した論文で有名になった心理学用語に「**ハロー効果**」があります。「**後光効果**」などとも呼ばれます。

　これは、身なりが立派な人は仕事ができる、有名大学卒業者は新人であっても一目置かれるといったように、はじめの印象によって、その人が高く評価されるというものです。

　ハロー効果をビジネスの場で応用する、たとえばプレゼンテーション、交渉、接客をする際には何か後光効果につながるものと企画をつなげると相手に好印象を与えることができます。

　「このデザインがお薦めです」とするよりも、

　「**このデザインは大手企業のカタログ制作も手がけているデザイナーが担当していますのでお薦めです**」というように、「プラスの効果をもつもの」とプレゼンする内容を結びつけると印象が変わります。

　商品POPを書くとき、

　「お買い得！　5本指ソックス」よりも、

　「○○新聞『中高年の健康増進特集記事』で紹介！
　5本指ソックス」

と書いたほうが後光効果が働きます。

名刺やサイトのプロフィールも

「株式会社○○　担当：佐藤」よりも、

「株式会社○○　担当：社団法人スマイル協会認定マイスター・佐藤」

のほうが後光が射します。

映画やテレビドラマで「○○芸術祭参加作品」と銘打って物語が始まるときがありますが、あれも参加したけれど入賞はしていないということです。

つまり、コンテストや大会、競技に「参加したという実績」だけであっても、それは後光になります。

資格、経歴、肩書き、受賞歴、入賞歴、マスコミ取材実績、公的機関の認証、商標登録、メダル、トロフィー、賞状、著名人との写真、統計データ、調査データ、医療データ、研究機関や調査機関のデータ、推薦等はすべて「後光」になり得ます。

以上、ハロー効果のうちポジティブな印象の醸成方法について紹介しましたが、身なりがだらしないなどの第一印象によりネガティブイメージが植えつけられることもあります。

人間心理
人は視覚、肩書き、マスコミ、統計、医療、学問、権威等にプラスの印象をもつ。

具体的行動
後光効果が見込めるものは名刺、営業資料、サイトに明示しよう。

040 赤ちゃんの愛らしさを広告に活かす法

笑顔の赤ちゃんを見ると、優しさと親切心が生じる

　日本人の徳性を表す行為でよく引き合いに出されることに、多額の現金が入った財布を拾ったとき、警察に届ける人が多いというのがあります。

　欧米では日本より落とした財布が戻ってくる確率は低いと言われたりしますが、世界規模で落とした財布が戻る確率を調べた調査結果があるわけではないので、特に日本がすぐれているという証明はできないのが実際のところだと思います。

　ところで面白いことに、イギリスの心理学者リチャード・ワイズマンが、落とした財布が戻ってくるには何か条件があるのだろうかという実験を行っています。この実験の詳細については、ワイズマンの著書『その科学が成功を決める』（木村博江訳、文春文庫）に紹介されています。

　ワイズマン博士は、人通りの多い場所に財布を落として、どれくらいの割合でそれが戻ってくるかを調べました。

　そのとき、複数の財布を用意し、それぞれ次のような写真を入れておきました。

「かわいい子犬の写真」
「笑顔の赤ちゃんの写真」

第2章　お客様の心にささる広告&コピー術

「幸せな家族の写真」
「穏やかな老夫婦の写真」

　さて、あなたはどの写真が入った財布の戻り率が一番高かったと思いますか？
　（実際の実験はもう少しバリエーションがあるのですが、わかりやすくするために単純化しています。）
　その答えは、笑顔の赤ちゃんの写真の入った財布でした。このことについて、ワイズマン博士は次のように分析しています。
　私たち人間が無防備で天使のような笑顔の赤ちゃんを見ると気分が良くなるのは、種の保存を目的としてその赤ちゃんを助けたくなるように進化しているかららしいということです。
　笑顔の赤ちゃんの愛らしさにより親切心が自然と醸し出されるという人間の習性により、財布を戻すという行為につながるというのです。

　私はこのことを知ってから、講演のときに場が硬いと感じたら、開演前にスクリーンに赤ちゃんの写真を投影します。これにより、会場内を和ませる効果があることを実感します。

人間心理
　人は笑顔の赤ちゃんを見ると気分が良くなる習性がある。

具体的行動
　和やかなイメージを演出するうえで、笑顔の赤ちゃんのビジュアルを準備しておこう。

041 自分事だと思ってもらうコピー術

自分事だとわかる説明だと、受け手は関心を抱く

　商品には、「商品価値」と「評価価値」という2つの側面があることを先述しました。その商品が本来もっている価値が商品価値です。ビールなら爽やかにのどを潤し、美味しくてリラックスさせてくれるアルコール飲料ということです。

　そして、お客様が抱く価値が評価価値です。商品価値にお客様がさらに付加価値を感じる部分です。ビールでは、高級感やプレミアム感という付加価値が感じられるようなことです。

　そして、このうちの評価価値をお客様にうまく受け止めてもらうことができれば、その商品は高く買っていただくことができます。いわば、ブランドに近い価値です。

　評価価値は、実績や経験、知名度等によって変わってくるのですが、既存の商品の評価価値を上げるために最も簡単な方法が、ネーミングやキャッチコピーを変えることです。

　事例で説明しましょう。以下のAおよびBは商品価値は同じですが、コピーによって評価価値が変わります。

A：「ざるそば　500円」
B：「信州の風味豊かなそば粉のみ使用。毎朝店主が3時から手

打ちしています。限定50食。 ざるそば　780円」

A：「萩焼茶椀　1,980円」
B：「『萩の七化け』伝統にこだわる作陶釜の萩焼　3,980円。
　　使い込むほどに器の色が変わる幻の陶器。」

A：「人気の芋焼酎　3,500円」
B：「酒販店主だけが知る幻の芋焼酎
　　　　　　　　　　　　10本限定入荷！　　7,000円」

　既に商品の知名度が高く、ブランド力があり、実績があるのなら、キャッチコピー等を変えて訴求方法を改める必要はありません。
　しかし、商品価値がしっかりあり、他社の商品との優位性もはっきりしているのに売れ行きが上がらないのなら、評価価値を前面に押し出すアプローチを進めるべきです。
　これからのお客様は、自分の個性や嗜好に合ったものを多くの商品から探すことを余儀なくされます。その選択肢に入るには、キャッチコピーでその商品ならではのユニークさを目立たせることです。

人間心理
　人は自分の個性にあった評価価値から商品を選ぶ。

具体的行動
　競合とはっきり違う優位性がわかるキャッチコピーを考えよう。

好感度・印象度が上がる営業コミュニケーション術

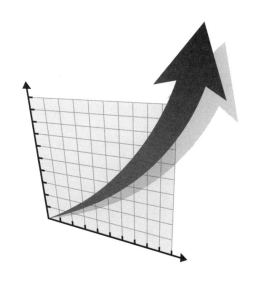

042 公式を使った人と仲良くなる法

会う回数を増やすと、好感度が上がる

　人に好かれるには公式があることを知ってから、私は人と仲良くすることに自信がもてるようになりました。

頻度＋近接＋持続時間＋強度＝人の好感度

（参照：『元FBI捜査官が教える「心を支配する」方法』ジャック・シェーハー／マーヴィン・カーリンズ著、栗木さつき訳、大和書房）

　この公式により、私が通っているスポーツクラブにも友だちがたくさんできました。

　まず、頻度。

　私は1回の会話は短くても、毎回声を掛けるよう心がけています。「こんにちは！」「今日は良い天気ですね」といった声がけをします。

　相手と仲良くなるには何といっても、まず回数です。無理して会話しなくても、顔を合わせるたびに微笑むとか会釈するだけでも回数を重ねることによって相手との間に親近感が生まれます。

　次に近接。

　何度か顔を合わせる回数が増えたら、次に相手との距離を縮めます。いつもより一歩だけ相手に近づいて、言葉を掛けるように

するのです。心の距離は物理的距離に比例します。つまり、物理的距離を縮めると仲良くなりやすいということです。

そして、持続時間。

接触の回数を重ねて、距離感を縮めたら次は会話の長さです。112ページで説明する「ペーシング」「ミラーリング」「バックトラッキング」のスキルを使いながら、少しずつ会話時間を長くします。

最後に、強度を加えると完璧です。

少し長い会話ができたなら、次には強度を考えます。私の場合、スポーツクラブではベンチプレスを行っているときに補助をしあったり、スタジオでダンス系の有酸素運動を行うときに振り付けや動作の順序をお互いに確認しあったり、ヨガのプログラムに一緒に参加しているときに動作を確認しあったりしてコミュニケーションの強度を強めたりします。

特にポイントとなるのは頻度です。心理学の実験でも4〜5回程度、相手の顔を目にすると好意が生まれることがわかっています。少ない会話でも、あるいは会話はなくてもよいので相手の視界に入る回数を増やすことが重要です。会話をしない場合にはむすっとした顔やしかめっ面はダメです。軽く微笑む程度でOKです。

人間心理
人に好かれる公式＝頻度＋近接＋持続時間＋強度。

具体的行動
相手に好かれるためには会話の時間よりもまずは回数が重要。あせらずに相手と会う回数を増やし、その後、距離感を縮めていこう。

043 人間心理を活用したコミュニケーション法

接触の頻度と密度によって、印象度は変わっていく

　私は講演の事前打ち合わせをするとき、「**熟知性の原則**（＝目にする、触れる、会う回数が多いものに好感をもつ）」を活かして相手に好印象を抱いていただきたいので、わざわざ5回以上「接触」するようにしています。

　また、「**単純接触効果**（＝人は相手に4回以上の接触をすると好意や信頼性が生まれやすい）」も効くことになるので、当日、初めて担当者に会ってもお互いにコミュニケーションがスムーズになることが多いのです。

　さらに、担当者と実際に会って挨拶をするときにはお互いの共通項を探します。「**類似性の法則**（＝趣味や考え、境遇の似た者同士は親しくなる）」を活かしたいからです。

　会話の中では、「今日は良いお天気ですね」「もう、3月ですね」等の言葉をちりばめます。事実を述べることで「**イエス誘導法**（＝相手からイエスを引き出す会話）」を活かすためです。

　早めに会場に来られた参加者の方とは名刺交換をして握手をします。「**接触効果**（＝身体接触のある人に好意を抱く）」を活かすためです。

　前のほうに座っている方にも挨拶をします。これは「**近接の原**

則(=場所の近い者は親しくなりやすい)」を活かしたいからです。

講演前には何度か壇上に上がり演台のパソコンを触ります。すると参加者の方に私の顔を認知してもらうことができます。「**ザイアンスの法則**(=人は知らない人には冷淡になり、知っている人には好意を抱く)」を活かすためです。

ここまでやっておくととても講演会がスムーズに進行し、盛り上がります。もしかしたら講演会が始まる前にコミュニケーションの大半は決まっているのかもしれないな、と思うことがよくあります。

そして、このことは講演会に限らないのかもしれません。

講演、商談、接客、プレゼンといった場面では、その場にいる自分と相手とは違う人間です。それを忘れたままいきなりコミュニケーションをとろうとすると無理や摩擦が生じます。

自分の意見や主張を取り入れてもらいたいのであれば、その基本態度は相手を理解し、相手に自分を理解してもらうことです。

人間心理
接触回数や握手など、コミュニケーションが円滑になるスキルがある。

具体的行動
コミュニケーションする場では心理法則を柔軟に活用するとよい。

044 契約率を上げる営業法

5回訪問すると、
契約の確率が上がる

　ある著名な経営コンサルタントに、「**2：8／5：8（ニッパチゴッパチ）の法則**」という営業の鉄則を教えていただいたことがあります。

　これは、新規開拓で2回通っただけで「このお客様は見込みがない」と諦める営業マンが8割いる。その一方で、あきらめずに5回以上通った人が全契約の8割を手に入れるという法則です。

　5回も訪問するのはなかなかできることではないですが、この法則には仕掛けがあります。

　それは、拒絶されないことです。

　そのためには、最初の訪問から5回までは意図的にセールスをしない、商品説明をしないということが大切になります。

　具体的には、「パンフレットを置くだけで結構ですのでよかったら見てください」で1回め。「近くに来たので挨拶だけでも。今日も良い天気ですね」で2回め。「今日は暑いですね。冷たいものを持ってきたのでよかったらどうぞ」で3回め。「たまたま御社に関連する記事を見つけたので、持ってきました」で4回め。「今日は教えていただきたいことがあるのですが……」で5回め。

こうしてセールスを拒絶されることを回避しながらこまめに訪問することで徐々に相手に近づいていきます。

　実はこのことを証明する心理学実験があります。心理学者R・J・モアランドとR・B・ザイアンヌが1982年に行った実験です。
　女子学生をA、Bの2つのグループに分けます。Aグループには1週間に1回ずつ4週にわたって同じ男子学生の写真を見せ続けます。そして毎週その男子学生に対する好意度を調べます。Bグループには1週間に1回ずつ4週間毎週違う男子学生の写真を見せます。こちらも毎週その男子学生に対する好意度を調べます。
　毎週調べた男子学生に対する好意の度合いはAグループの女子学生は写真の男性に対する好意度が毎週上がっていったのに対して、Bグループの女子学生は写真の男性に対する好意度はほとんど変わりませんでした。
　この結果から、繰り返しの出会いは相手の魅力や好意に影響を与えることがわかりました。これを「**単純接触効果**」といいます。
　「2：8／5：8の法則」同様に、この実験からも人は初対面の相手に対して4回顔を見せると信頼や好意を形成しやすいということがわかります。

人間心理
　お客様の元へ5回以上通った人が全契約の8割を手に入れる。第一印象が良ければ、後は会う回数を増やすことで好意と信頼性が生まれる。

具体的行動
　新規客への営業は最低でも5回以上訪問をするような仕組みをつくる。

045 聞き上手になる法

相手の言動に同調すると、距離感が縮まる

　私は今でこそ大勢の聴衆を前にして自信をもって講演したりしていますが、20代の頃は会話でさえ苦手でした。

　仕事でお客様のところに行ってもお客様と会話が続かず、間がもてずにとても苦労しました。

　その頃と比べて今は会話をはじめとするコミュニケーションに自信がもてるようになりました。それには秘訣があります。「目・口・身体」を意識した会話術です。

　まず、目です。以前は相手の目を見ながら話をするのが苦手でした。相手の目を見て話していると、相手もこちらを見返したりするので緊張します。そうしたときに私は数を数えます。

　何の数かというと、相手のまばたきの回数です。

　すると不思議なことに、相手の目を見ていてもあまり緊張しなくなりました。もちろん相手の話は聞いていますが、それと同時に相手のまばたきの回数を数えています。こうすることで、落ち着きます。あまりまばたきをしない人の場合には相手のまつげや眉毛の本数を数えます。

　こうすると自然と身体が前のめりになり、相手には真剣に聞い

ている様子が伝わり、会話が弾みます。

次に、口です。会話では相づちがとても大事ですが、それとともに意識的に相手の言ったことをオウム返しのように繰り返して同調するようにします。

たとえば、相手が「昨日、映画を見に行ったんです」と言えば、「そうですか、映画を見に行かれたのですか」と同調することで、相手は親近感を覚えてくれます。

これは「**バックトラッキング**」というコミュニケーションの基本スキルのひとつです。

そして、身体です。身体も相手に同調するようにすると双方の距離感が縮まります。

たとえば、向かい側に座っている相手が右手を上げて「これくらいの高さがあります」と言ったら、聞き手は「そんなに大きいのですか？」と言いながら左手を同じ高さに上げます。

相手が窓の外を指差して「ちょうどあの辺りです」と言ったら、聞き手も同じ方向を指差しながら「あの辺ですね」と言います。

要するに、会話相手の言動に目も口も身体も反応し、しっかり聞いているのだという態度で臨むということです。

人間心理
人は自分の話をよく聞いてくれる人に好意を抱く。

具体的行動
相手の話を聞くときには目・口・身体のスキルを使ってみよう。それを続けていると聞き上手だと言われるようになる。

046 説得力を高める方法

相手のしぐさに合わせると、好感をもってもらえる

17世紀フランスの外交官フランソワー・ド・カリエールの有名な名言に「最もよい説得方法のひとつは、相手に気に入られることである」というものがあります。

では、あなたが初対面の顧客と面談するときに、簡単に実行できる相手に気に入られる心理学テクニックを紹介しましょう。

(1) ミラーリング

相手の見た目、姿勢や身振り、身体の動きを合わせる方法です。

たとえば背筋が伸びているとか猫背とか、手が机の上にあるか膝の上にあるか、足を組んでいるかいないか、前かがみだとか、後ろに反っている、椅子に浅く腰掛けている、深く腰掛けている、手の動かし方、首の傾き、表情、呼吸など。姿勢や身振りなどは無意識的なものですが、そこを合わせます。

(2) ペーシング

相手の声の大きさ、速さ、トーン、テンポ、高低、リズム、明るさ、暗さ、熱意、感情、言葉、呼吸に自分のそれを合わせます。

大きな声で早口で話す相手に対してこちらが小さな声でゆっくりと会話をすると「元気がない」「鈍重」などと思われたりしま

す。反対に、落ち着いた静かな相手に、ハイテンションで元気に話しかけても引かれてしまいます。相手のペースに合わせて、いわゆる「なんだかこの人とはペースが合う」「波長が合う」という状態をつくるのです。

(3) バックトラッキング

バックトラッキングとは、オウム返しのことです。
・相手の会話の直前の語尾を繰り返す。
・相手の会話のキーワードを使って返す。
・相手の会話を要約して返す。

こうしたことを相手に気づかれずに行うと、相手はあなたに対して「なんとなくこの人とは気が合いそうだ」と感じてくれたりします。最初のうちはぎこちないでしょうが、このテクニックの良いところは、すぐに実践できることです。

人によっては効き目がないこともありますが、私自身の経験からは大小はあるもののある程度の効果が認められました。

そして名医ほどこの3つの使い方が上手だと言われています。患者が症状を訴えると、それに共感するように同調するので、患者は安心感と信頼感をその医者に寄せるようになります。「聞き上手」ということです。

人間心理
人は自分としぐさ、動作、ペースの合う人に好意を抱く。

具体的行動
相手に無意識に好感を抱いてもらうために、相手のしぐさを何気なく観察してどの言動に同調する練習をしよう。

047　相手が共感してくれる会話法

相手に同調して話を聞くと、信頼感が醸成される

　人は自分と同じ声の大きさやトーン、スピード、ペースの人に好感をもちます。
　「なんだか、自分と似ているな」と親しみが湧くからです。
　相手と同調していると、「あの人とは波長が合う」「あの人とはペースが合う」「あの人とは息が合う」という状態になるのです。
　この状態を心理学用語では「**ラポール**」といいます。ラポールとはフランス語で「橋を架ける」という意味です。

　以前、電話クレーム対応のプロの話を伺ったことがあります。その方は電話の向こうのお客様が興奮して怒っているときには、こちらも興奮したように、「そうでしたか！　それはそれは本当に本当に申し訳ございません！」とまずは相手のトーン、スピード、ペースに合わせながら話に同調し、徐々にトーンを抑えながら冷静な話に誘導すると相手の怒りはおさまるというのです。
　最初は相手のトーンやスピードにペースを合わせ、その後に相手を自分のペースに誘導するテクニックは、「**ペーシング＆リーディング**」と呼ばれています。
　たとえば日常でも「この間ね、すごい面白いことがあってさ！」

とハイテンションで話しているときに、相手が冷めた表情で聞いていたら、「この人には話してもムダだ」と拍子抜けします。

でも、相手が「何があったの？　教えて！」と同じテンションで話を聞いてくれたなら、きっと嬉しくなるはずです。

だから、お客様と接するときも相手と心理的に良好な関係を築こうと思うなら、まず相手のトーン、心境、心の状態に合わせるとうまくいきます。これはそれほど難しいことではありません。

- 相手が早口ならこちらも早口で答える。
- 相手が手振り身振りを交えて話しはじめたら、こちらも手を広げて驚いてみせる。
- 相手がボソボソっと話しはじめたら、こちらも声をひそめる。
- 相手が陽気な話で笑っていたら、こちらも陽気に笑う。
- 相手がまじめな話をしだしたら、こちらも神妙に聞く。
- 相手が困っていたら、自分も一緒にその悩みを共有する。

まず、相手に合わせて心の架け橋（ラポール）を作ってから、その後、徐々に自分のペースに戻します。そうするとこちらの言い分が通りやすくなります。

人間心理
人は自分と同じ声の大きさやトーン、スピード、ペースの人に好感をもつ。

具体的行動
お客様と接するときは、相手のトーン、心境、心の状態に合わせて、相手に同調するように話を聞こう。

048 親近感が生まれる会話法

相手の動作を真似ると、波長が合ってくる

　私は初めて会った相手と話すときにはあることに注意しています。それは、会話の「トーン」と「早さ」です。

　相手の方の声が高い声だと、私もいくぶん高めの声で話すようにします。相手の方が低い声だと、私も低いトーンで声を出します。相手が早口でポンポンポンと話す人であれば、私もいつもよりもテンポを早くして話します。ゆっくりと話す人であれば、私もゆっくりと話すようにします。

　相手が高い声でポンポンポンと話しているのに、こちらがボソボソと話していたら違和感が生じます。私の経験からも「なんだかテンポの遅い人だな」と感じることがあります。

　逆に、周囲に気を配って相手が低くヒソヒソと小声で話しているときに、こちらが大きな甲高い声で受け答えするのも変です。「この人はあまり周りを気にしないタイプだな。無神経な人かもしれない」と思われたりします。

　相手の動作を真似ることで親近感や安心感を抱かせる「**ミラーリング**」という方法がありますが、実は声のトーンと早さも相手と同調させると同様の効果が期待できます。

「なんだか、この人とはテンポと間があう。話しやすい」と相手が感じる、いわゆる波長が合うと親近感が増していきます。

このようなとき、こちらの言いたいことを伝えるのは相手と波長が合ってからです。波長が合う前にこちらの言い分だけを会話に乗せても、相手の心には伝わりません。

これは電話でも同じです。私は電話を受けるときも相手の話すトーンと早さをよく確認します。

たとえ姿が見えなくても電話の向こうの相手の声のトーンと早さを確認して、それに同調するようにすると相手は無意識に親近感を抱くようです。

強制、命令、緊急事態という場合は別ですが、相手と良いコミュニケーションを取りたい、これから信頼関係を構築したいという場合には、最初に波長を合わせることが大切です。

波長を短時間で合わせるための具体的な方法が会話のトーンと早さを真似することです。

相手の話のトーンと早さに意識を集中してみると、案外、簡単に波長を合わせることができるようになります。

人間心理
人は自分の声のトーンと早さが似ている相手に親近感や安心感を抱きやすくなる。

具体的行動
人と話すときには意識的に声の大きさ、スピード、トーン、リズム、感情を合わせるようにしてみよう。

049 お客様にすぐに好かれる簡単な方法

相手との共通項を示すと、好意をもたれやすくなる

　人は、自分と共通項がある相手に好意を抱きやすいという心理があります。具体的には、名前や誕生日、年齢、血液型、卒業校、出身地、趣味等です。

　また、相手の誕生日が同じだと見知らぬ人からの依頼でも承諾する率が高いという心理学の実験結果や、自分と似た名前の人からの依頼にも承諾する率が高いという実験結果もあります。

　人は自分と関連がある相手、類似性のある相手、共通項のある相手に好意を抱きやすいということは、あなたとお客様の間に何らかしらの「関連」「類似性」「共通項」があれば、お客様はあなたに好意を抱きやすい、ということになります。

　社会心理学者R・B・チャルディーニは著書『影響力の武器 実践編』（誠信書房）の中で次のように述べています。

> 「顧客からよい反応を得るには、名前、信条、出身地、出身校など何であれ顧客と類似点のある販売担当者が売り込みをしたほうが効果的だ。」

お客様との間に「関連」「類似性」「共通項」をつくり出すときには私は『木戸に立ちかけし衣食住』を利用しています。この言葉は営業先でお客様との会話の糸口になるキーワードを並べたものです。

　「き」は、気候、天気のこと。
　「ど」は、道楽や趣味。
　「に」は、ニュース。時事、経済、スポーツニュース等ですね。
　「た」は、旅。旅行の話のこと。
　「ち」は、知人や友人の話。
　「か」は、家庭のこと。
　「け」は、健康、身体、病気のこと。
　「し」は、もちろん仕事のこと。
　そして、衣食住の話題となります。

　初対面の相手やあまり話が弾まない人との会話のきっかけをつかむためにこれらのネタを順に話題にすると、ネタに困らないということですが、私は初対面の人と話をするときはこれらのネタを振りながら、相手との「関連」「類似性」「共通項」を探すようにしています。

人間心理
人は自分と関連、類似性、共通項のある相手に好意を抱きやすい。

具体的行動
「木戸に立ちかけし衣食住」で話題を振ったり、出身地や出身校、誕生日、年齢、血液型、趣味等共通項を見つけやすくしておこう。

050 初対面で好印象を与える法

良い面から自己紹介すると、好印象にうつる

　人は相手の全体像を瞬間に捉えて、「この人は親切そう」とか「信頼できそう」「何か嫌な感じ」といった漠然とした印象をつくり上げます。そして、その印象は時間とともに増幅されることがわかっています。これを**「初頭効果」**といいます。

　また、人は最初に「この人は親切そうだな」という印象を相手にもつと、その相手が「親切である」ことを確かめるような情報を集めるようになります。言葉遣いや表情、あるいはちょっとした動作から「ああ、やっぱりこの人は親切で優しい人なのだ」と思い込んでしまうのです。

　反対に、最初に「この人は意地悪そうだな」という印象を相手にもつと、その相手が「不親切である」ことを確かめるような情報を集めるようになります。仮に相手が親切心で口にした言葉であっても「何か裏があるかもしれない」と考えるようになります。

　つまり、人は最初に「この人は親切そうだな」とか「この人は意地悪そうだな」と感じたことを裏付ける情報を集めて、「やっ

ぱり最初に思ったとおりだった」と自分の正しさを確認しようとするのです。これを「**確証バイアス**」といいます。

好印象のためには第一印象が大事だということですが、それに関連して「アッシュの印象形成実験」があります。ポーランドの心理学者ソロモン・アッシュが1946年に行った実験です。

その実験では、ある架空の人物に対する印象を次の2つのリストを示して被験者に答えてもらうというものです。

(1)「知的な、器用な、勤勉な、暖かい、決断力のある、実際的な、注意深い」

(2)「知的な、器用な、勤勉な、冷たい、決断力のある、実際的な、注意深い」

この結果、(1) のほうが好印象だとの回答が多かったのでした。

また、これとは別の2つのリストを示しました。

(1)「知的な、勤勉な、衝動的な、批判的な、嫉妬深い」

(2)「嫉妬深い、批判的な、衝動的な、勤勉な、知的な」

この結果では、(1) のように最初に好ましい特性を提示すると相手に対する印象は好意的なものになり、(2) のように先に悪い特性を提示すると相手に対する印象は悪くなりました。

人間心理

最初に好ましい特性を提示された場合、相手に対する印象は好意的なものになり、悪い特性を提示された場合には相手に対する印象は悪印象を持つ人が増える。

具体的行動

自己紹介、他己紹介をはじめ初対面の相手には最初に自分に関する良い面を提示しよう（ただし、強調しすぎて自慢に聞こえすぎないことに注意）。

051 ひと言添えて印象度を上げる法

あいさつにひと言添えると、印象が強くなる

　商談が終わったとき、「それでは、良いお返事をお待ちしています」と言ったりします。
　ここにもうひと言付け加えて、「それでは、良いお返事をお待ちしています。期待していますので！」と伝えると相手の印象に深く残ります。

　このようにひと言添えるだけで相手への印象が強くなることを知り、私もできるだけ「基本あいさつ」に「もうひと言」を付け加えるようにしています。
　たとえば、「初めまして、酒井とし夫です」と言うときも
　「初めまして、新潟の酒井とし夫です。今日はお会いするのを楽しみにして来ました」と、ひと言添えるようにしています。
　「今日はありがとうございます」と言うときも
　「今日はありがとうございます。御社にお声がけをいただけるとは本当に光栄です」とするようにしています。

　「基本のあいさつ」だけの人が多いので、「もうひと言」を付けると相手の記憶に強く残りやすくなります。

さらに、「今日はありがとうございます。御社にお声がけをいただけるとは本当に光栄です」と「もうひと言」に加えて、握手をします。すると心理学の「**接触効果**」も加味されるので強い印象を残すとともに、信頼性も増すことになります。

　天気が良いときには「今日は良い天気ですね」と付け加えると、相手は「そうですね！」と返してくれます。これは相手から「そうですね＝はい＝イエス」を引き出す「**イエス誘導話法**」になります。イエス誘導話法は印象が良くなるため、雑談力を上げる際によく利用されます。

　「今日は良い天気ですね。良い講演会になりそうです」と付け加えると暗示を相手に入れることになります。

　良い天気と良い講演会には相関関係はありませんが、このような言葉の使い方を「**連結話法**」といいます。「事実＝良い天気」と「暗示＝良い講演」を連結すると相手はその暗示を無意識に受け取ることになります。

　このようなちょっとしたひと言が初対面で会ってからわずか数分で相手に自分を印象づけ、信頼性や好意を生み出すカギとなります。コミュニケーション力を磨くうえで参考にしてください。

人間心理
　初対面の相手とのあいさつに「もうひと言」を付けると相手の記憶に強く残りやすくなる。さらにイエスを引き出し、暗示を与えることも可能。

具体的行動
　第一印象は短時間で形成される。初対面で相手に伝える挨拶のパターンを予めいくつか考えておこう。

052 相手に触れる効果活用法

握手をすると、相手から承認されやすい

　フランスで行われた心理実験です。路上で見ず知らずの人に、「小銭を貸してくれませんか？」とお願いする実験です。
　どれくらいの割合の人が小銭を貸してくれたと思いますか？
　結果は、普通にお願いした場合の承諾率は28％だったそうです。
　では、相手の前腕に軽く触れながら「小銭を貸してくれませんか？」と言った場合には承諾率はどれほどだと思いますか？
　なんと、47％に増えたそうです。

　また、他の心理学実験からは相手に触れるという行為が次の効果をもたらすことも証明されています。
　・外見がより良く見える。
　・初対面の人の印象がポジティブになる。
　・患者のストレスを緩和する。

　大阪ガス行動観察研究所の松波晴人所長もリピーターを増やすために必要なこととして著書の中で次のように述べています。
　「お釣りを渡すときに、そのスタッフは私の手に少しだけ触

れた。この行動には有効性を示す根拠がある。お客様は手に触れられたかどうかははっきりとは憶えていない。しかし、手を触れられたほうがお客様の満足度は高まる。実際、そのほうがチップが増えたという実験データもある。」(『ビジネスマンのための行動観察入門』講談社現代新書より)

　私もよくやっていますが、相手と握手するといったことは相手に"触れる"ための一般的な方法です。

　私の仕事である講師というのは案外アウェイな仕事です。
　たとえば担当者と顔を合わせるのは講演日が初めてになります。その会場に伺うのもその日が初めて。初対面の相手と初めての場所で会ってすぐに信頼関係を築かないと開演までの準備や進行、打ち合わせがスムーズに進まなくなります。
　そのため私は、初対面の方とは9割方握手をします。タイミングとしては名刺交換をした直後にさっと手を差し出すと、相手も無意識にすぐに手が伸びてきます。
　そして握手をした瞬間に、「おっ！」という表情が顔に現れ、すぐに相手の顔つきが柔らかくなります。

人間心理
　相手に触れるという行為を通して好意と信頼性が高まり、さらに外見が良く見え印象が良くなっていく。

具体的行動
　商談や接客の場で握手をする機会があれば積極的に行おう。お釣りを渡すときは両手を添えよう。

053　握手の効用

握手をすると、
嘘をつく確率が下がる

　握手の効用に関して次のような実験があります。ある人を紹介するときに次の3種類の方法で紹介します。
（1）目隠しをして、握手をせずに話だけをする。
（2）握手も話もしないで、相手を見る。
（3）目隠しをして、話をせずに握手だけをする。

さて、あなたならどの人に一番良い印象をもつでしょう？
　この場合、（1）や（2）の方法で紹介された人に対する印象は「形式的」「冷たい」というマイナス評価が多くなりました。
　（3）の方法で紹介された人に対しては「温かい」「信頼できる」といったプラス評価が多くなったと報告されています。握手の効用はあなどれませんね。（参照：「心理トリック」樺旦純著　王様文庫）
　だから、新人アイドルが「1万人握手会」といったイベントでファンと握手を続けることがありますが、あれは理にかなっているわけです。

　そういえば芸能人にかぎらず、お願いをするときに握手をする人がいますよね。

そうです。選挙活動中の候補者もよく握手をします。政治家は握手の効用を経験的に知っているのかもしれません。

　芸能人や政治家にかぎらず、握手でファンをつくることは、あなたにもできます。たとえば、次のような場面です。
- 名刺交換の際に握手する。
- 「ありがとう」と言いながらそっと手を握る。
- 「嬉しい！」と言いながら手を握る。
- お釣りを渡すときには手を添える。
- 「手相を見てあげるよ」と言いながら手を握る。

　実はこれらは私が日常的に行っていることでもあります。私は名刺交換では99％握手をします。すると、初対面で緊張している相手の表情が一瞬でふっと和らぐのです。
　また、握手をすると相手が嘘をつく確率も下がるという実験結果もあります。
　日本人はタッチによるコミュニケーションが苦手だと言われ、あまり相手に触れることはありません。
　だからこそ「たかが握手」が強烈な差別化になるわけです。

人間心理
　握手をすると「温かい」「信頼できる」といったプラスの印象を持つ人が多くなる。

具体的行動
　名刺交換のとき、本当に嬉しかったとき、感謝を表したいときには照れずに自分から積極的に握手をしよう。

054 相手との心理的距離を近づける法

相手の隣に席を移動すると、心理的距離が縮まる

　私たちは誰でも自分の身体の周りに目に見えない私的な空間をもっています。これを「**個人空間**（パーソナル・スペース）」といいます。

　個人空間に他人が侵入してくると人は不快感、嫌悪感、ストレスを感じます。アメリカの文化人類学者エドワード・ホールは個人空間を以下の4つに分類しています。

(1) 密接距離（0～45cm）

　これは身体に容易に触れることができる距離です。たとえば、家族や恋人同士の距離です。それ以外の人がこの距離に近づくと不快感やストレスを感じるようになります。

(2) 個体距離（45～120cm）

　親しい友人同士で会話をするようなときの、手を伸ばせば相手に届く距離です。

(3) 社会距離（120～360cm）

　相手の身体に触ることができない距離。上司と部下が仕事の話をするときの間隔です。

(4) 公衆距離（360cm以上）

　大きな会合や集会、講演会などでの距離です。

第3章　好感度・印象度が上がる営業コミュニケーション術

　人は空いている電車内のシートでは（3）の社会的な距離以上の空間を取ろうとするわけです。そして、席が混んできて隣の人と身体が触れるようになると、知らない人が密接距離に存在することになるのでストレスが発生します。身体間の距離が心理状態に影響を与えるわけです。

　ただ、この距離と心理の関係はうまく使うと良好な関係を築くことにも役立ちます。
　たとえば、お客様との商談などでは社会的距離（120～360cm）で打ち合わせをすることが多いと思いますが、お互いに親近感が醸成できていないという場合、意図的に社会距離から相手の固体距離（45～120cm）に入るようにしてみるのはいかがでしょうか。
　資料を見せながら隣の席に移動して、「ちょっとここを見てほしいのですが」と言いながら該当箇所を指差して説明をすると相手との距離感を縮めることができます。
　商品説明を行った後で「実際に手にとってみてください」と言いながら相手の手に商品を持たせるとやはり距離をつめることができます。

人間心理
　人は仲良くなると距離感が近づく。逆に距離を縮めると親しくなりやすい。

具体的行動
　隣の席に移動する、商品を手渡しする、一緒に準備をするなど自分から相手との距離を縮める行動を意識しよう。

055 好感度を上げる方法

楽しい会話をすると、好意的な印象にうつる

　身なりが良い人は人格が良さそうに見えたりします。人格と身なりは別物ですが、人はそれらを結び付けて判断をしがちです。

　また、CMでは広告タレントと商品が無意識に結びついてイメージさせる手法が取られています。たとえば、栄養ドリンクとイメージキャラクターである若手俳優2名が山河を駆け巡るシーンをテレビで見たとします。その後、仕事中に「ここぞというときの栄養補給にはあのドリンクを」と無意識のうちにエネルギッシュな俳優のイメージとともにその栄養ドリンクが想起されます。

　ポジティブな想起とは逆に、不祥事を起こした会社の製品は品質が悪く思えるといったネガティブな反応もあります。

　以上の例のように、異なる物事でありながら、無意識に片方のイメージをもう片方につなぎ合わせる現象を**「連合の原理」**といいます。「連合の原理」は、普段発している言葉とその言葉を発している人にも当てはまります。

　たとえば、「困った」「まいった」「だめだ」などを口ぐせにしている人がいたとします。こうした人と会話が度重なると、その人に対して「いつも困っている人」という印象が結びつきます。

その人は単に口癖で「困った」と言っているだけかもしれませんが、連合の原理が働き、印象としてはその人は良いイメージとは結びつかなくなります。そうなると、こちらまで仕事運が下がりそうに思えてしまうので、自然とその人は周囲から疎遠になっていくかもしれません。

　これは通常の人間関係だけではなく、ブログやSNSでもネガティブなことが多いと閲覧者も自ずと離れていくものです。
　通常、人は「楽しい情報」をもたらしてくれる人を好きになります。だから、会話やSNSなども「今日はいい話があります！」「ホントに面白いことがあります！」といった話題をもってくる人に好意的な印象をもつようになります。
　普段のコミュニケーションでは、「天気が良くて気持ちがいいですね」「雪が降って寒いですが、空気が澄んでいるので気持ちのいい朝です」「お会いできることを楽しみにしています」「きっと、楽しい企画になります」といった言葉づかいを意識して、ポジティブな印象を残すようにします。
　連合の原理は、2つの対象が互いに結びついて捉えられるという錯覚なので、仮にあなたがネガティブなイメージとして捉えられると、あなたの所属する組織まで悪い印象をもたれてしまうこともあります。

人間心理
　普段発している言葉が、そのままその人のイメージと重なる。

具体的行動
　外見、会話、SNSでの情報発信は明るく、ポジティブなものにしよう。

056 コストゼロで印象度を良くする方法

笑顔を多くすると、仕事が増えていく

　私のフェイスブックを見て、「笑顔だらけの酒井さんに驚いた！」と言った人がいます。確かに私はSNSに写真を投稿するときには基本的には笑っている写真しかアップしません。

　名刺にも笑顔の写真を載せています。その名刺を見て、「満面の笑みですね」と言ってくれた方は10人や20人ではありません。

　実は私は30代までは眉間にしわを寄せたしかめっ面をしていることが多い人間でした。

　その後、心理学を学んでからはしかめっ面をしていても何の得もないことがわかり、それからはニコニコしていることが多くなりました。それにつれて、仕事の依頼もどんどん増えてきました。

　『客家大富豪の教え』（甘粕正著、PHP研究所刊）という本に、次の一節がありました。

　「笑顔は1円のコストもかからない最良の戦略なのである。」

　これはまさに至言です。

　私の友人に名古屋を拠点に活動する人気コンサルタントの高橋

浩士先生がいます。高橋先生はもともと専門学校でグラフィックデザイナーにデザインを教える教師でした。

その彼に、広告デザインを制作するうえで人目を引き付けるアイキャッチとして優れているものを教えてもらったことがあります。

それは、「静物→自然→動物→人の顔→赤ちゃんの笑顔」です。
矢印の右に行くに従って、人の目を引き付けるのだそうです。

つまり、チラシでもDMでもウェブサイトでもSNSでも、読み手の興味と関心を引くために最も適したものは花や食べ物や自然の風景や動物の写真ではなく、「人の顔」だということです。それも笑顔が最良だということです。

その話を聞いてから私は自分の名刺、ウェブサイト、SNSに笑っている写真を使うようになりました。
そこから講演依頼もどんどん増えてきました。

人間心理
人には安全安心の欲求があるので無意識に笑顔の人には近づくが、怒った顔やしかめっ面、暗い顔の人からは遠ざかる。

具体的行動
ベテラン営業の中には手鏡をかばんに忍ばせていつも表情をチェックしている人がいる。笑顔は1円のコストもかからない最良の戦略。

057 外見を磨く簡単な習慣

鏡をよく見ると、どんどん魅力的になる

　心理学では、「鏡を見ないと無気力・無関心な人間になってしまう」と言われたりします。

　鏡を多く見る人は自分が周りからどう見えているかを気にする傾向が強く、これを「**公的自己意識**」といいます。

　この「公的自己意識」の強い人ほど、どうすれば自分が魅力的に見えるかに熱心で、鏡をよく見るらしいのです。

　そして、その結果としてその人自身がどんどん魅力的になっていく、ということです。

　反対に鏡を見ないでいると次第に自分の容姿や周囲のことに無関心になり、その結果、無気力になるという実験結果が出ています。

　だから、自分を魅力のある人間にしたいと思うなら、「鏡を見なさい」ということになります。

　自分の内面は信念や意志、そして経験で磨くしかありませんが、「自分」の外見は鏡1枚あれば、磨くことができます。

　私の知っているトップ営業マンや接客担当者は常に鏡を携帯し

て、自分の容姿を確認しています。(スマホのインカメラでもOKです)

　営業は人と接するのが仕事です。よって、あまり自己主張しないのがマナーといえます。とはいえ、かっちりとした装いということに捉われるのではなく、相手に合わせた外見も大切なことがあります。

　もう昔の話ですが、広告制作会社を経営していた頃、クライアントへのコンペの提案に会社員時代のままのスーツにネクタイでプレゼンを行っていました。当時の広告業界はビジネススーツよりもむしろ、いわゆる業界的な服装のほうがクリエイターっぽく見られて、クライアントの受けが良かったのです。

　そのことに気づいてから、以前よりもコンペの勝率がよくなったのです。

　ビジネスでは相手に合わせた「見た目」が大事だということをそのとき学びました。

人間心理
　鏡を見ないでいると自分の容姿や周囲のことに無関心になり無気力になる。

具体的行動
　セールスマンや接客担当者は鏡を携帯し自分の外見をチェックする習慣をつけよう。

058 五感に訴える法

人の利き感覚は、
人それぞれ違う

　人は何かを認識するときに視覚、聴覚、触覚、嗅覚、味覚の五感を使いますが、その五感の使い方は人によって異なります。

　たとえば、ある文章を読みながら「絵」が浮かんだ人は視覚優位です。「音」が聞こえた人は聴覚優位、重さやにおいを感じたり、味を感じたりする人は体感覚優位です。このように人にはそれぞれ利き感覚ともいうべき、主に使っている感覚があるのです。

　そのため、視覚優位の相手に向かって商品の説明をするときには「この洋服は身体にフィットしますよ」と言うより、「華やかに見えますよ」と視覚に訴えるほうが効果的になります。

　聴覚優位の人には「きっと友だちの方も素敵！とおっしゃってくださるはず」と説明することになります。

　体感覚優位の人には事細かに商品のスペックを説明するよりも、「手に取ってその肌触りを感じてみてください」「お味を試してみてください」「ぜひ、お座りいただき、その高級感を実感してください」と伝えたほうが相手には伝わりやすくなります。

　タイプごとに効果のある言葉は次のとおりです。
（1）視覚優位の人には

見る、見える、眺める、明るい、暗い、観察する、灯りをともす、映す、現れる、澄んだ、はっきりした、まぶしい、ぼんやりとした、鮮やか、輝く、派手な。

(2) 聴覚優位の人には

聞く、話す、ささやく、相談する、歌う、叫ぶ、鳴り響く、説明する、静かな、音、テンポ、調和、鳴る、同調する、賞賛する、耳を傾ける、耳障り、リズミカルな、にぎやかな、音量。

(3) 体感覚優位の人には

感じる、触れる、温かい、冷たい、把握する、つかむ、ひっかく、なでる、押す、すべすべ、がっしり、乾いた、湿った。

初対面の人に向かってプレゼンをするときや交渉をするときには相手の優位な感覚がわかりませんから「説明を聞いていただけると幸いです」と言うよりも、「説明を聞いて（聴覚）、資料に目を通して（視覚）、このサービスの優位性を感じて（体感覚）いただけると幸いです」というように3つの感覚タイプを交えて説明をしたほうがいいでしょう。

簡単な見分け方としては早口で服装に気を使っている人は視覚優位、蘊蓄が多く言葉にこだわる人は聴覚優位、ゆっくりとした話し方でゆったりとした服を着ている人は体感覚優位です。

人間心理

人によって情報の取り入れ方が、視覚優位、聴覚優位、体感覚優位に分かれる。

具体的行動

感覚タイプに応じて、商品やサービスの提示の仕方、説明方法を変えてみよう。

059 相手の意識を推測する方法

人の視線を観察することで意識を読む

　すべての人に当てはまるわけではありませんが、人の視線が動くときは脳のどこにアクセスしているかは、次のとおりです。

- 左上に視線が動く…記憶された過去の視覚イメージ（映像）にアクセスしている
- 右上に視線が動く…未来の創造された視覚イメージにアクセスしている
- 左横に視線が動く…記憶された過去の聴覚的記憶（音や言葉）にアクセスしている
- 右横に視線が動く…未来の創造された聴覚的記憶（音や言葉）にアクセスしている
- 左下に視線が動く…内的対話（過去の感情や記憶）にアクセスしている
- 右下に視線が動く…身体感覚にアクセスしている

　これを「**アイ・アクセシング・キュー**」といいます（これらはすべて右利きの人の場合。視線の向きは相手の目線の動きです）。
　そのため、目の前にいる人の視線の動きを観察すると、今この

瞬間に脳のどこにアクセスしているのかがわかります。

お客様の視線が上を向くことが多い場合には、その瞬間に何か絵や映像を想像している可能性が高いと判断できます。そのような相手には言葉で話したり、資料を読んでもらうよりは商品の写真やイラストを見せると納得してもらえる確率が高まります。

お客様の視線が左右に動くようであれば脳が聴覚情報にアクセスしやすい人ですから、資料を読んでもらったり、論理的に言葉で説明をしたり、他のお客様の使用感想等を聞かせてあげると納得しやすくなります。

また、あなたの問いや会話に対して視線が落ちる人は身体で何かを感じたり、心の中で対話をしていますので、あまりせかさずに相手に考える時間を与えるとよいでしょう。

このような人には体験（試食、試乗、体験、参加等）できる方法でアプローチをすると腑に落ちやすくなります。

人間心理
今この瞬間に人が脳のどこにアクセスしているかは視線の向きに現れる。

具体的行動
お客様の視線の動きを観察して視覚（映像等）で訴求したほうがいいのか、聴覚（言葉や音）がいいのか、体感覚（体験等）がいいのかを判断しよう。

060 お客様の本音を見抜く法

話に興味をもつと、視線は縦に動く

　商談や接客のときに使える、相手のちょっとした動作などから心理状態を把握する方法を紹介しましょう。

（1）目の動き
　もし、話に興味がある場合には視線は縦に動きます。こちらの頭や胸の辺りを中心に話を聞きながら縦方向に動きます。興味がなかったり、不安や緊張感がある場合には視線は左右に動きます。

（2）口元
　話に興味がある場合には口が軽く開いて歯が軽く見え隠れしているはずです。反対にぎゅっと閉じた口元は興味がない、あるいは不安や緊張感の表れです。その不安や緊張感がピークになると唇はさらに内側に入ります。
　また、手で口を覆ったり、ハンカチなどでしきりに口元を隠すように話している場合にはウソを隠したいという心理が態度に出ていると見ることができます。指先で口元や唇を掻くような動作もウソを隠そうとする無意識の現われです。

第3章　好感度・印象度が上がる営業コミュニケーション術

(3) 鼻

ウソをつくと人は緊張感が高まります。すると、ノドとともに鼻の粘膜まで乾くのでつい手が鼻にいきます。そのため、しきりに鼻に手がいく場合もウソをついている可能性が高いといえます。

(4) 足

顔から離れるにつれて無意識が出やすくなります。そのため、つま先の向きに注意しましょう。つま先が向いている方向が興味のある方向になります。つま先があなたから外れてドアの方に向いていたなら、早くその部屋から出たいという気持ちの表れです。

また、人は不安、不快感、恐怖を感じている場合やあるいは何か失敗を解消しようとしている場合は「なだめ行動」と呼ばれるしぐさをします。それは手がのどもとに触れたり、女性の場合であれば首もとのネックレスを手でもてあそんだりします。額をこする。手でしきりに首や頬、顔に触るとか、ひざをこするといったしぐさはなだめ行動と見ることができます。

人間心理
人の本音は言葉以外の動作に現れる。

具体的行動
交渉相手の動作から心理状態の変化を推測する練習をしよう。

061 相手の納得感を引き出す質問法

相手に決定権を委ねると、自ら考えはじめる

　ある心理学の実験に次のようなものがあります。

　大学生を集めて陪審員になってもらいます。そして、ひとりの非行少年の話をします。少年の名前はジョニー。ジョニーは故意ではなかったのですが、第二級殺人の罪を犯しました。それについて大学生にジョニーの刑期を決めさせるという実験です。

　弁護士がジョニーを弁護します。あるグループの大学生には次にように言います。

　「ジョニーはとても温和な少年です」

　つまり、弁護士がジョニーの性格を強く断定するわけです。

　別のグループの大学生には次のように言います。

　「ジョニーは温和な少年だと思いませんか？」

　こちらは質問形を用いてジョニーの性格の判断を学生に委ねています。

　さて、この実験では前者と後者のグループでは下す刑期の長さに違いが見られたでしょうか？

　結果は、後者のほうが短い刑期を下す傾向が見られました。

　この実験を行ったジルマンという研究者によると質問形の言葉はその決定を相手に委ねることになり、相手を良い気分にさせる

第3章　好感度・印象度が上がる営業コミュニケーション術

傾向があるのだそうです。

そして、断定的な表現は相手に押し付けがましい印象を与えるという結論を下しています。

確かに、「こうしなさい！」とか「これはこうだ！」と断定されると反発したくなることがあります。たとえば、お店で販売員に「これは絶対お買い得です。素晴らしい商品です。今、決断すべきです」と言われたら抵抗感を感じたりします。

こうしたときは「これは良い商品です！」ではなく、「これは良い商品だと思いませんか？」と相手に結論を委ねるようにします。

「コスト削減に役立ちます！」ではなく、「コスト削減に役立つとは思いませんか？」と相手にうかがうようにします。

そうすることで決定権は自分にあるのだと感じてくれて、決定権を委ねられた相手は、自らその商品の良い点やベネフィットなどを考えたりするようになります。

断定や決め付けではなく、相手の意向を伺うようにしたり、どう思うかを訊ねることで、自分で決められる納得感が醸成されるのです。

人間心理
質問形の言葉はその決定を相手に委ねることになり、相手は自分事として考え出す。

具体的行動
押し付け、命令、断定を嫌うお客様には「○○とは思いませんか？」という質問型で決定を相手に委ねてみよう。

062 お客様の選択の納得感を高める方法

自分で選択したと思うと、より高い価値を感じる

　人間の選択の行動特性を検証する、宝くじを材料にした実験があります。次のような選択肢を用意したとき、どちらが当選しそうかを数十名の被験者に回答してもらうというものです。
（1）1枚1ドルのくじを自分で決めて、自分で買う。
（2）既に用意した1枚1ドルのくじを被験者に渡す。

　こののち、双方からくじを買い戻したいと伝えたところ、（1）のほうは9ドルで、（2）のほうは2ドルで売るとの回答でした。
　この実験から、人は「自分で決めたもの、選んだもの、採用したものはよいものであると考える」傾向があることがわかりました。他者が選んだものよりも、自分で選んだもののほうが価値を感じるということです。これを心理学用語で「**コントロールの錯誤**」といいます。

　この心理法則は接客や交渉に利用されることがあります。
　たとえば、「これが絶対にお勧めです」というトークよりも、「どちらが良いですか？」「どちらがお好きでしょう？」と、相手に選ばせたほうがより購買への意欲が高まります。

飲食店でお客様を席に誘導する際にも、「こちらの席とあちらの席が空いております。どちらがよろしいですか？」と相手に好みの場所を決めたもらったほうが満足度は高まります。

ところで選択肢の数についても心理法則があります。よく知られているのが「**極端の回避性**」とか「**松竹梅の法則**」といわれるものです。

第1章の005項でも説明した、人は選択肢が3つあった場合、真ん中を選ぶという心理です。具材が似たような弁当で松2,000円、竹1,500円、梅1,000円の3つの価格帯があるとき、多くの場合、真ん中の竹1,500円を選びがちになります。

これは「高いと贅沢だし、安いと貧相に見えるから」という気持ちになるからだといわれます。

「極端の回避性」を仕事などで応用する場合に注意したいのが、選択肢を3つに限定することです。4つ以上だと判断に迷い、その場で決断することができなくなります。

また2つだと、安い価格にお得感を感じてしまい、高いほうが売れ残る確率が高まってしまいます。

よって、最善の営業トークは「3つの価格帯をご用意しました。どれがよろしいでしょうか？」とすることで、いちばん売りたいものを真ん中の価格帯の設定することです。

人間心理
人は自分で決めたもの、選んだものはよいと考える傾向がある。

具体的行動
お客様に選択肢を示し、決めてもらうようにしよう。

063 会話が続く質問法

5W1Hを意識すると、会話は続く

　雑談や会話のときに、「オープン・クエスチョン」と「クローズド・クエスチョン」ではまったく違ったコミュニケーションとなります。

　オープン・クエスチョンとは、質問の受け手に説明を求めるような訊き方です。一方のクローズド・クエスチョンは、「はい」「いいえ」などで答えられる訊き方です。

　よく、「会話が続かないんです」という人がいます。そういう人は後者のクローズド・クエスチョンが多くなります。たとえば、

「おひとりですか？」

「はい」

「料理がなかなか出てきませんね？」

「そうですね」

「このお店にはよく来るのですか？」

「はい」

「……（沈黙）」

という感じです。

　一方、会話の上手な人はオープン・クエスチョンを多用します。

「このお店の料理でおいしいのはどんなものですか？」

「ここはサラダが新鮮だし、野菜の種類が豊富でおいしいですよ。契約農家から毎朝届けてもらっているようです。それを食べるのが楽しみのひとつです」
「このお店に来るようになったきっかけは？」
「友だちの誕生日パーティーに参加したときに料理がおいしいなと感じて、スタッフさんの接客態度もキビキビしていてとても印象が良かったのでそれから月に何度か来るようになりました」

オープン・クエスチョンのコツは5W1H（「いつ」「どこで」「誰が」「何を」「なぜ」「どうやって」）を意識して質問することです。たとえば、
「いつそれをお知りになられたのですか？」
「どこで会われたのですか？」
「誰と一緒に行ったのですか？」
「何がお好きですか？」
「なぜ、そこに行こうと思ったのですか？」
「どうやってそれを手に入れることができたのでしょうか？」
といった質問は相手にイエス・ノー以外の言葉で話しをさせるきっかけになります。このようなちょっとしたことを意識することでコミュニケーションがぐんと円滑になります。

人間心理
質問と回答の仕方で会話の内容が変わる。

具体的行動
会話が続くようにするには、オープン・クエスチョンを意識して質問するようにしよう。

064　相手が答えやすい質問法

命令形を質問形にすると、受け入れてもらいやすい

　人は命令や決め付けには抵抗感を抱き、依頼やお願いには聴く耳をもつようです。
　「静かに！」「静かにして！」「静かにしてほしい」
　これは命令です。命令は時として相手の心の中に不快感をもたらします。そのため、その命令が拒絶されることも多々あります。

　では、次の言い方はどうでしょう？
　「静かにしてもらえませんか？」「もう少し静かにできますか？」「少し声を落としてもらうことはできますか？」
　このように言われると命令的な感じがやわらぎ、受け入れやすくなりませんか？

　これは「**挿入命令**」と呼ばれる話法です
　実は挿入命令による話法は、すべて「命令」を含んでいます。これらは「静かにしてほしい」と言っているのと同じなのですが、命令を質問型にして伝えているところが特徴です。

私は講演中に参加者に前に出てきてもらいたいときがあります。そのとき、「前に出てきてください」とは言いません。「前に出てきてもらえますか？」と伝えます。

　手を挙げてほしいときも「手を挙げていただけますか？」と伝えます。

　ビジネスにおいて、気難しいお客様や交渉が困難な相手にはこの挿入命令の質問形が応用できます。

　「ご試着ください」ではなく、「お試しになられてはいかがですか？」

　「ご検討ください」ではなく、「来週までに前向きに採用のご検討をいただけますか？」

　このように、質問形のオブラートに要求や命令を含めるのです。すると相手は「命令された」という強制的な感じを抱かずに、「試着する」「検討する」ということを受け入れやすくなります。

人間心理
　お願いしたいこと、命令したいことを質問の形で包むと挿入命令と呼ばれる説得方法になる。

具体的行動
　「○○してもらえますか？」「お試しになられてはいかがですか？」「ご検討をいただけますか？」といった挿入命令をコミュニケーションに取り入れてみよう。

065 お客様を意図する方向に促す方法

前提を示して話すと、相手はその前提に導かれる

「これからみなさんのビジネスに役立つ情報をお伝えしますので、明日からすぐに活用してみてください」

この話し方は「**前提**」と呼ばれるテクニックを使っています。

このように伝えると聞き手は「活用する」という言葉に意識が向きますが、無意識には「これから聞く話はビジネスに役立つ」ということが前提になっている話し方なのです。

私は、講演途中では受講者に次のように言うことがあります。

「少し難しいかもしれませんが、今はわからなくても大丈夫です」

これは「今はわからなくても、後でわかる」ことを前提にした話し方です。

そして講演の最後に、こんなことを言うときもあります。

「今日お話したことをお仕事ですぐに活用してその効果を実感してください」

これも聞き手は「実感する」という言葉に意識が向きますが、「今日、私が話したことは仕事で効果がある」ことを聞き手の無意識に届けています。

営業担当者が「納期はいつ頃をお考えですか？」と訊くのも「商品を納品する」ことを前提にしたセールストークです。

研修講師が参加者に「自分がとても成長していることに気がついていますか？」と問いかけるのも研修を通して「成長している」ことが前提になっています。

プレゼンターが「このサービスがどれほどのコスト削減効果があるか気になっていると思いますが……」と説明をするのも「コスト削減効果がある」ことが前提になっています。

通販番組で「オペレーターにつながらない場合は、恐れ入りますが何度かおかけ直しください」とアナウンスされるのも「電話をかける」ことが前提になっています。

本書冒頭の「はじめに」で「その効果については、みなさんの実際のビジネスで活用して実感してください」と述べているのももちろん前提です。

人間心理
「前提」のテクニックを使った話し方は相手に抵抗感を抱かせることなく、こちらが伝えたいメッセージを届けられる。

具体的行動
お客様が購入することを前提にしたときの営業トークを身につけよう。

066 相手から承認されやすくする方法

依頼ごとは理由を添えると、承諾されやすい

　何かをお願いするとき、「理由」があると同意しやすいことはみなさんも理解いただけるのではないでしょうか。

　たとえば、「今日は飲みに行きたいなあ」と思ったとします。そのときに同僚に対して、「今日は飲みに行ってくる！」と言うのと、「今日は友人に呼ばれたから、飲みに行ってくる！」では、後者のほうが言いやすいし、同僚もわかりやすいはずです。

　「友人に呼ばれたから」という、どうでもいいような理由でさえ、行動の正当化の理由になるのです。

　このことを証明した心理学の実験があります。

　被験者がコピー機の順番待ちの列の先頭へ割り込み、次の3通りの言い方で依頼をします。

（1）要求のみを伝えるパターン
　　「5枚なのですが先にコピーをとらせてもらえませんか？」
（2）本当の理由を付けて伝えるパターン
　　「5枚なのですが急いでいるので先にコピーをとらせてもらえませんか？」
（3）もっともらしい理由を付けて伝えるパターン

第3章　好感度・印象度が上がる営業コミュニケーション術

「5枚なのですがコピーをとらなければいけないので先にコピーをとらせてもらえませんか？」

この実験の結果、(1)の依頼に対する承諾率は60パーセント、(2)が94パーセント、(3)が93パーセントでした。驚くのは(3)の承諾率の高さです。「コピーをとらなければいけないので…」というのはそもそも理由になっていません。

つまり、人は理由づけすることで依頼ごとが通りやすくなるのです。

そのため、依頼ごとは単に「○○してもらえますか？」とするよりも、「○○（理由）なので、○○（依頼）してもらえますか？」と理由と依頼をセットにすると承諾されやすくなります。

たとえば、「成長期のお子さんにはカルシウムが欠かせません。（理由）毎日朝食に牛乳を！」、「キャンペーン期間中なので（理由）、今週中のご契約をお薦めします」、「このデザインがお勧めです。なぜならば20代の女性のアンケート調査で第1位だからです（理由）」、「今なら走行距離が10万キロに達しておらず下取り価格が高くなりますので（理由）、売り時です」、「今が買い時なので（理由になっていない理由）、ぜひお買い求めください」といった伝え方だと効果が高まります。

人間心理

人は理由の有無で承諾の確率が変わる。

具体的行動

「この商品はお薦めです。なぜならば……」というように理由を含めてセールスや交渉を行うようにしよう。

067 要求を断りにくくする方法

2つ同時に要求すると、相手は断りにくくなる

人は要求を組み合わせたほうが断りにくくなると言われます。
たとえば、「買い物に行ってきて！」よりも、
「自転車を片付けて、買い物に行ってきて！」と要求したほうが断りにくくなるということです。

ためしに隣にいる人に次のように言ってみてください。
「私のかばんを取って、机の上に置いて」
どうです。隣の人が机の上にかばんを置いてくれたでしょ。

これは人はひとつの要求を断るのは簡単でも、要求を2つとも断るのは気が引ける、抵抗感が出るからです。

また、先の例で言うと組み合わせとしては
「自転車を片付けることを了承し、買い物に行くことを了承」
「自転車を片付けることを了承し、買い物に行くことを拒否」
「自転車を片付けることを拒否し、買い物に行くことを了承」
「自転車を片付けることを拒否し、買い物に行くことを拒否」
と4パターンがありますが、それらを1つ1つメリットとデメ

リットを考えて判断するという複雑な思考を回避したからだという説もあります。

　もちろん、このテクニックもセールス、交渉、指導の場で有効です。
　試食販売会場なら「どうぞお味見をしてください」よりも、
　「どうぞ手にとって、お味見をしてください」と伝えるべきです。

　クライアントにお願いをするなら、「ぜひ導入をご検討ください」よりも、
　「提案書をお読みいただき、ぜひ導入をご検討ください。」と伝えた方がベターです。
　さらに、「コスト削減に効果的な提案書をお読み戴き、導入をご検討ください」と150ページで紹介した前提のテクニックも合わせて伝えるとベストです。

人間心理
　人は要求はひとつの場合は判断しやすいが、要求を重ねると判断が難しくなり、その要求を断りにくくなる。

具体的行動
　「Aを行い、Bを行ってください」というような言い方で要求は出すようにしよう。

068 セールスを成功させるテクニック

人は興味をもつと、瞳孔が大きくなる

　セールスの参考になる映画があります。アル・パチーノ主演の映画『摩天楼を夢見て』です。ニューヨークの不動産会社で働く4人のセールスマン、かつてトップセールスマンだった落ち目のレーヴィン、愚痴が多くて成績の悪いモスとアーロナウ。そして彼ら3人を尻目に営業成績トップのリッキー・ローマ。

　アル・パチーノ演じるリッキー・ローマはバーで酒を飲みながら、カウンターに隣り合わせた見ず知らずのお客に近づき、リゾート地の不動産物件の販売に成功します。彼のセールス方法は次のとおり。

　最初に仕事の話を全くしません。酔ったふりをしながら、まるで友だちに話すように日常のこと、社会のこと、女性のことなど他愛もない話を延々と続け、相手の警戒心を解きます。これは心理学では「**ラポール形成**」、つまり初対面の相手と友好な関係を築く段階です。ここにかなりの時間をかけています。

　初対面の相手にいきなり商品説明をしても拒絶されるだけであることをリッキーは知っているのです。

　しかも、リッキーはその会話の中でなにげなく、「病気、株の暴落、飛行機事故？　人生でそんなことに不安を抱いてもしょう

がない」と言ったり、「金なんか貯めてどうするんだ。貯めておいたって無意味だ。みな不安からお金を貯めようとするがそんなことは無意味だ。墓には持っていけない」と言ったりして、「不安という感情」を打ち消す会話をします。

リッキーは酔った振りをしながら、「株や美術品、不動産はただのチャンスだ。金を儲けるただのチャンスに過ぎない」と不動産はチャンスだというメッセージを送っています。

頃合いを見計らってリッキーは「俺はくだらんと思うが、これを見てくれ」と言いながらカタログの裏面を広げます。そこにはリゾートの風景が広がっています。それを相手が目にして、目の瞳孔が大きくなるのを確認してリッキーはこう言うのです。

「じゃあ、物件の説明をしよう……」

人は興味をもつ対象を目にすると瞳孔が大きくなります。そのため、セールスの場では相手の目をよく観察することが大事になります。相手が興味をもっていない段階で商品説明を行っても無駄です。リッキーは相手に身を寄せて近づき、そして目を見て観察していたのです。

他の3人のセールスマンは見込み客に向かって「最初から不動産の話」を始めています。でも、いきなり初対面の相手からセールスをされても聞きたくはありません。

人間心理
人は初対面の相手を警戒し、セールスされていると感じると拒絶する。

具体的行動
セールスではまずはラ・ポール（好意や信頼性）を築くことが必要。

069 嫌な人と思われない話し方

人の噂話をすると、
嫌な雰囲気になる

　商談などでは、お客様にとって有益な情報を提供できることが何にも増して成約の決定打になることがあります。

　このとき、正確な情報であることが基本ルールです。決して噂レベルの、確証のない情報提供はお客様を混乱させるだけです。

　とくに第三者を揶揄するような噂話には注意が必要です。

　「あの会社の社長、人情派として聞こえますが、実は社内では下請け泣かせで有名なんです」

　「A社のK部長、表向きは誠実そうに見えますが、裏の姿はとんでもなく冷たいという噂です」

　こうした話の多くは聞き手にとっては何となくモヤモヤした嫌な気分にさせられるからです。

　噂話をする人こそ、なんだか嫌な人に見えてきたりします。

　実は、このことを調べた米国の大学での心理学実験があります。

　その実験とは、ある人の印象について役者を使って、「彼は動物嫌いで、子犬を蹴飛ばすところを見たことがある。本当に嫌な奴だよ」という内容の噂話をする場面を撮ったVTRを被験者に見せて感想を訊くというものでした。

被験者たちの感想で共通していたのは、噂話の話し手（役者）を嫌な人間だと感じたということでした。
　これは、誰かが第三者の噂話をしたとき、聞き手は無意識のうちに「話し手」を「第三者」に重ね合わせてしまうからです。このことを「**自発的特徴変換**」といいます。
　これは、たとえばあなたが「あの人はいつもにこやかだけど、本当は冷たい人なんです。この間もこんなことがありましてね…」と口にすると、聞き手は無意識のうちにあなたを「いつもにこやかだけど、本当は冷たい人」と見るようになるということです。

　目の前に居なくても、いつも人の悪口を言う人の姿が見えると、「また誰かの噂話されると嫌だな」と感じ、近寄らないようにするのもこういう理由からです。
　これは逆のことも言えます。「あの部長さんはにこやかで本当にいい人です。この間もこんな気遣いをしていただきました」
　「K課長はお客様だけでなく、納入業者からも受けがいいんですよ。仕事のできる人は誰からも好かれるということですね！」
　「見た目同様あれほど誠実にお客様に向き合う人を知りません」などと口にすると、聞き手は無意識にあなたを「にこやかでいい人」「受けのよい仕事のできる人」「誠実な人」と刷り込みます。

人間心理
　人は第三者の噂話を耳にすると「話し手」を「第三者」に重ね合わせる。

具体的行動
　噂話はポジティブなことでなければ絶対にしない。

070 恩を売って買っていただく法

試食販売で試食すると、すぐには立ち去れなくなる

　私たちは相手から贈り物や招待、接待等を受けると恩義を感じます。その恩義を一方的に受けっぱなしの状態は借りを返していない状態なので居心地の悪さを感じます。

　その居心地の悪さを解消するために私たちは相手にお返しをしようとします。これが「**返報性**」と呼ばれるものです。

　この返報性をビジネスに応用したものが「無料配布」「無料体験」「試供品」「ご招待」「モニター」「試食」です。

　たとえば、スーパーで「おいしいウィンナーをどうぞ！」と言われてウィンナーを試食すると何となくウィンナーを買わずにその場を立ち去るのが難しくなります。

　学習塾の無料体験授業に我が子を参加させて説明を聞いた後には入塾させずにはその場を立ち去るのが難しくなります。

　化粧品カウンターでメイクを施してもらうと何も買わずにその場を立ち去るのが難しくなります。

　ホームパーティーに招かれておいしい食事をご馳走になった後にチャリティの説明をされると何も寄付せずにその場を立ち去るのが難しくなります。

こうした心理状態になるのが返報性です。

地方では、「公民館商法」と呼ばれる販売方法があります。たとえば腰痛やひざ痛で悩む人を集め、そこでマッサージなどによりそれらの痛みを緩和するようなサービスが無料で行われます。その後、健康器具や健康食品の説明をされるとやはり恩義を感じてしまう人が一定の確率で現れます。このときの心理が返報性です。

私は30代の頃、都内でパソコン教室を運営していましたが、そのときには入校前に4日間の無料授業を実施していました。キーボードやマウス操作、文章入力から、簡単な表計算、インターネット操作、メールの送受信までを4日間で説明・指導するのです。すべて無料です。

その後、入校案内書を渡すのですが、当時は無料授業参加者の8割が入校してくださいました。これも「4日間も無料で指導してもらった」という気持ちが返報性につながっていたのです。

もちろん、無料授業に参加した人の全員が入校にいたるわけではありませんが、これも一定の確率で成約者が必ず現れるのです。

人間心理
相手から先に恩義を受けると、その恩義に報いなければならないと思い、具体的な行動を起こす。

具体的行動
相手にとって得となるモノやコトを無償で提供してみよう。

071 お客様の心理に働きかける販促法

ただであげると、その恩に報いたいと思う

　心理学を学ばないでも、自然に心理学の理論で説明できる上手な販売技術をもっている人に出会ったりすることがあります。
　これはそのことを実証するような、講演で海に面した東北のある都市に行ったときの話です。

　講演後に主催者のNさんと地元の海産物や名産品が販売されている市場に行きました。その市場の奥まったところに干物やおつまみ類を販売しているお店がありました。
　Nさんが店頭に並べられていた干物を覗き込んでいたら、横から年配の女性店員が近づいてきて、「これ、食べてみて！」と言いながら、一口大の干物を差し出しました。
　Nさんと私はそれを口に入れると、女性店員は「おいしいでしょ。それ、よく売れてるんです」と言うと「今食べてるのがコレ。○○円」と袋を差し出しました。値段が案外安かったこともあり、Nさんはすぐに買うことに決めました。
　すると女性店員は「これもね、おいしくて人気あるんです」と言って別の試食品を差し出しました。Nさんも私もそれも食べました。

Nさんは「これもちょうだい」とその干物が入った袋を手に取りました。はじめに勧められたものよりも価格は高めでした。

この女性店員は自分では意識してないと思いますが、お客様の正面に立たずに横から近づくことで威圧感を感じさせません。

正対すると売る側と買う側という関係になりますが、横に立つことで買う側は買わせられるという緊張感がなくなります。

そして、試食により「**返報性**」が働きます。ただであげれば、その好意に報いようとする心理理論です。

さらに、この女性店員の秀逸なところは最初に提示した商品の値段が手ごろだったことです。

それを安いと感じたNさんがあっさりと購入を決めたときにすかさず、はじめの商品よりも少し値段が高い商品を勧めたことです。

これは、相手が受け入れやすいものから提案する心理テクニックの「**フット・イン・ザ・ドア**」です。

人間心理
正面ではなく横に並ぶと緊張感が和らぐ。ただであげるとその恩に報いようと思う。はじめに受け入れやすいものから勧めると承諾しやすい。

具体的行動
その場に応じた販売心理術を考えてみよう。

072 初めと終わりの印象を良くする方法

繁盛店であるほど、
終始一貫して印象がよい

　北陸に、マスコミにも取り上げられたことのある繁盛店があります。
　そのお店の社長に次の言葉を教えていただきました。
「お見送り七歩」

　これはお客様が帰るときにはその場で立ってお見送りするのではなく、ちゃんと七歩歩いてお客様に寄り添って最後までお見送りしなさい、ということです。
　そのお店ではお客様が買い物を終えて車で帰るときには、従業員がお客様の後を歩きながら車が駐車場を出てお店の先のカーブを左に曲がり、完全に見えなくなるまで道路脇の歩道に出て大きく手を振ってお見送りしてくれます。

　実は繁盛店の共通項のひとつに、最後の最後の印象が良いという点があります。
　心理学では「**親近効果**」といいますが、人は経験の最後の最後の印象がもっとも記憶に残りやすかったり、影響を受けやすいのです。

みなさんも次のような経験がありませんか。

きれいなレストランでおいしい食事をしてとても満足していたのに、最後の最後のお会計のときに愛想が悪いスタッフに応対されてそのお店の印象が下がったというような経験です。

こうならないために繁盛店ほど接客能力の一番高い人をお会計カウンターに配置したりしています。

とても感じのよい営業マンと打ち合わせをしたのに、最後の最後にドアをバタンと無造作に閉めて出て行ったので印象が悪くなった、ということがないように、トップ営業マンほど打ち合わせが終わっても玄関を出るまで気を抜かないものです。

第一印象が大切なのは「初頭効果」です。
そして、最後の最後の印象が大切なのは「親近効果」です。

人間心理
人は経験の最後の最後の印象から影響を受けやすい。

具体的行動
お見送りはお客様の姿が見えなくなるまで行おう。打ち合わせ、交渉、接客の場では最後の最後まで気を抜かないようにしよう。

073 潜在意識を刺激する方法

雰囲気が変わると、行動も変わる

　岡山市に講演に行ったときに寄った後楽園での話です。
　園内のお店の幟(のぼり)に、「お抹茶と団子セット　300円」と書かれていました。「安い！」と思ったので、そのセットを注文しました。
　店員さんが小ぶりなきび団子3つとお抹茶を持ってきてくれました。そしてだんごを食べている途中で、「はい、これサービス！」と言って、店員さんがきび団子2つを小皿に置いてくれました。
　そのサービスに素直に喜んでいるとすかさず、「よかったらお土産買って行ってね！」と言い、「このきび団子は○○賞をいただいたんです」と、壁に掲げられた大きな賞状を指差しました。
　さらに、「このきび団子はここでしか買えません」とのこと。結局、私はお土産として2箱買いました。

　さて、最初は300円のお抹茶セットからスタートして、結局、私は数千円のお土産を買っています。小さなものを提供してから大きなものへ誘導するというセールスの流れができているわけです。これは「**フット・イン・ザ・ドア**」です（最初に小さな承諾

第3章　好感度・印象度が上がる営業コミュニケーション術

を得た後に大きな依頼につなげる)。

　また、最初は小ぶりの団子がお皿に3個乗っていましたが、後で「サービス」と言いながら2個追加してもらったのでお得感を抱きました。これは「**ザッツ・ノット・オール**」ですが、オマケやサービス、特典は「商品の後」に提供したほうが人はお得感を感じるという心理理論です（テレビ通販で商品説明後にオマケを紹介する手法）。
　さらに、「ウチのきび団子は〇〇賞を頂いた団子なんです」は「**権威効果**」という理論で説明できますし、「このきび団子はここでしか買えないもので、他では売ってません」は「**希少性**」に弱い人間心理で説明がつきます。

　こうした心理が重なって、私は購入に至ったことになります。
　人は「心」で行動をする生き物です。潜在意識下の「心」は自分では気づきにくいですが、注意喚起物、希少性、権威等に影響を受けやすいものです。

> **人間心理**
> 　人の購買行動は雰囲気、数量、金額、おまけ、権威等さまざまな要素に影響を受ける。

> **具体的行動**
> 　本書で紹介する心理学的テクニックはどんな業種でも使える。しかもコストがほとんどかからないものばかり。最後まで読んであなたのビジネスに応用してその効果を実感しよう。

074 客単価を上げる方法

いかがですか？と訊くと、お客様は検討し出す

　週に一度は行く中国料理店でのことです。
　隣のテーブルに家族連れが座りました。年長の方が店員に「餃子を追加してください」と言いました。
　店員はこう訊いてきました。
　「おひとつでよろしいですか？」

　するとお客様は、少し考えて、「じゃあ2皿で」と答えました。

　実は、この言葉は完全にセールストークとしてルール化されているのです。
　「餃子はおひとつでよろしいですか？」
　たったこのひと言を言うだけで注文が2倍になる確率がぐんと上がるのです。このセールストークの凄いところは、お客様が「セールスされているとは気づかない」ことです。

　「**アンダー・ザ・レーダー**」という言葉があります。
　これは敵の探知レーダーに引っかからないように敵地に侵入する、という意味です。

餃子をオーダーしたお客様は店員のひと言で自ら無意識に反射的に「1皿じゃ足りないかな？」と考えるようになるのです。

お客様が、「餃子ちょうだい！」と言ったときに、

「餃子はおふたりで1皿では足りませんよ。2皿どうですか？」

と言った場合とは印象が大きく異なりますよね。

以前、車内販売のカリスマと呼ばれる方に次のことを教えてもらったことがあります。

「たとえば、お客様がお土産の和菓子を買ったとします。そのお土産は会社用です。そのときに『ご家族へのお土産はよろしいですか』と伝えると、『そうね…じゃあ、もう1箱お願いします』と言ってくださる方が増えます」

日々のちょっとしたひと言が、売り上げを大きく左右します。

人間心理

「2皿いかがですか？」ではなく「おひとつでよろしいですか？」という言葉の使い方でお客様の選択を誘導することができる。

具体的行動

「おひとつでよろしいですか？」「単品でよろしいですか？」「1セットでよろしいですか？」といったお客様の無意識に語りかけて誘導できる言葉をいくつか用意しよう。

自分に自信がもてる
プレゼン・交渉術

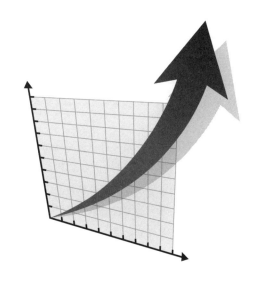

075 自信のある話し方に変わる法

理想の人になり切ると、
自信がもてるようになる

　うつむきながら内股気味で、少し猫背な姿勢での話し方。

　足を肩幅に広げて立ち、視線を上げて、胸を張り、両手を大きく開きながら、笑顔で、大きめの声での話し方。

　一目瞭然で後者のほうが話す内容が相手の心に伝わります。

自信をもって表現する。

　実はこれが相手を説得するとても大切な要件になります。

　米国大統領を務めたバラク・オバマ氏も、大統領にまで登りつめる過程で学んだ最も大事なことは「常に自信をもって行動する」ことだと言っています。

　そうは言っても、ふだんから「常に自信をもって行動する」ことは簡単ではありません。私自身20代から30代の頃は自分に自信がもてなくて、人前での言動には大いに悩みました。

　その当時は一所懸命に仕事をして、それが多くの人に認められれば自分に自信がもてると考えていましたが、仕事で成果を上げたとしてもなかなか自信をもてるようにはなりませんでした。

　この考えは「DO→HAVE→BE」の考え方です。「行動するDO→手に入るHAVE→理想の自分になるBE」という流れの自分に自信をもつためのプロセスです。

第4章　自分に自信がもてるプレゼン・交渉術

　理想的には早くBEになる、つまり、「理想の自分として振る舞うBE→そのように行動するDO→それが手に入るHAVE」という流れをつくることです。
　そのために活用したいのが「**モデリング**」です。
　モデリングとは目標となる人や理想の人を真似することです。
　形からでよいのです。自分の目標となる人や理想の人を頭の中に思い浮かべ、その人の話し方、身振り、手振り、しぐさ、表情などを真似するのです。その人ならこんなときどうするかを考えて、そのとおりに真似するのです。
　モデリングする対象は上司でも恩師でも先輩でも、好きな芸能人でも、歴史上の人物でも、好きな小説の登場人物でも、漫画の主人公でも誰でもかまいません。
　私の場合、毎朝、動画で好きな講師の話し方、身振り、手振り、しぐさ、表情の一つ一つを練習しています。講演前には会場内で好きなアーティストの動画を見ます。そのアーティストが何万人もの前で堂々と歌い、パフォーマンスする様子を見て、その声を聞き、動作を真似しながら会場内を歩きます。何百回も繰り返し見て、聞いて、真似しています。おかげで、今は数百人がいる会場でも堂々と話ができます。
　BEに至れば、プレゼンや交渉に自信がもてるようになります。

人間心理
理想の人物になり切ると自信がもてるようになる。

具体的行動
なりたい人を思い浮かべて、その人の振る舞いを真似してみよう。

076 理想の姿になるトレーニング法

なりたい人をイメージすると、心理的に影響を受ける

　モデリングの続きです。

　私は、講演前に矢沢永吉さんや長渕剛さんの動画を見るようにしています。それは、自分が大勢の人の前で元気にパフォーマンスをしているイメージをつくり上げ、「よし、今日もがんばるぞ！」とモチベーションを上げるためです。

　モデリングは、憧れのスポーツ選手のプレーを真似して、その人と同じようなプレーができるようになるといった自己成長の促進などに活用できる心理理論です。

　一方で、他者の攻撃行動を観察することで攻撃性が促進されると唱える説もモデリング理論の一面としてあります（元アメリカ心理学会長アルバート・バンデューラによる実験検証）。

　イメージの影響に関して、心理学者であるアプ・ダイクスターハウス博士が次のような実験をしています。

　大学生に難しいクイズに答えてもらいます。半分の学生にはクイズに答える前に自分が大学教授であることをイメージしてもらいます。残りの半分には自分がフーリガン（注：サッカー会場で暴徒化したサポーターの集団）であることをイメージしてもらいます。

第4章 自分に自信がもてるプレゼン・交渉術

学生は全員同じくらい成績優秀な生徒ですが、結果は次のとおりになりました。
- 大学教授をイメージした学生の正解率　　55.6%
- フーリガンをイメージした学生の正解率　　42.6%

イメージしただけで正解率には10%以上の差が出ています。
パフォーマンスのレベルというのはもちろんその人の能力にもっとも影響を受けるわけですが、一方ではイメージからも多くの影響を受けるということです。

ということは、ここ一番の大事な商談、プレゼン、契約交渉の前には「自分がそうありたい人」をイメージして、その場に臨むとパフォーマンスに影響が出る可能性が高まるということです。
「自分がそうありたい人」たとえば、TEDの会場で堂々と発表するプレゼンターと同じように振る舞う様子をイメージすることで、心理的に影響を受けて、それが身体の動きや態度に変化をもたらし、内面から表出するエネルギーやパワーも変わってきます。
「笑っている自分」をイメージすると、実際の自分も陽気な気分になり口角も上がってくるような感じと一緒です。

人間心理
なりたい人をイメージすることで、自発的にその人の言動を模倣するようになる。

具体的行動
ここ一番の大事な商談、プレゼン、契約交渉の前には「自分がそうでありたいと思う人」をイメージして、その場に臨むようにしよう。

077 プレッシャーを回避する方法

自信たっぷりな態度をすると、勇気が湧いてくる

　春になって咲き誇る満開の桜を見上げると、気分が晴れ晴れした経験があると思います。

　桜の薄いピンクの花びらのかわいらしさや、冬が過ぎ春になって少し空気が温(ぬく)んできた気温等も影響していますが、桜の花を見上げると自然に顔が上を向き、胸が開き、「きれいだね」と言いながら口が開き、前歯が見えます。

　つまり、上を見上げる身体の使い方によっても、気分が晴れやかになるのです。これを「**フィジオロジー**」といいます。

　フィジオロジーとは「生理学」と訳されますが、心理学でこれを応用すると、身体の使い方で感情をコントロールすることができます。先述したように、意識的に笑顔をつくれば心が晴れやかに変わります。何かにチャレンジしはじめるときに意識的に意志の強さを見せるようにすれば、自信が湧いてきたりします。

　みなさんにも経験があると思いますが、ごろんと横になって星空を見上げて宇宙の大きさを考えていたら悩みがちっぽけに思えたりします。これも、星を見上げて、宇宙は大きいなあ……と思

いながら、顔を上げて、大の字に寝そべって胸が開き、両手を広げていることによりフィジオロジーが機能しているからです。

　逆に、嫌なことがあって気持ちが落ち込んだり、上司やお客様から怒られたり、恐怖を感じることを見たときには、下を向きがちになります。
　下を向けば自ずと視線は下がります。それにより、さらに落ち込み、気持ちが閉塞していきます。
　そうした状態から回復するには、無理にでも上を向き、楽しいことをイメージするのです。そして、目を大きく見開いて笑顔をつくってみましょう。

　身体の動作により気分がコントロールできること、これは商談やプレゼンなど大きなプレッシャーを感じる場面で、気分転換やモチベーション強化などに使えます。
　人間は気分次第でその場を良くも悪くも変えられるものだと開き直ることが、ストレスを回避する方法でもあります。

人間心理
　身体の動きが人の心と感情に大きな影響を与える。

具体的行動
　交渉やプレゼンなどのプレッシャーのかかる場面では、意識して視線を上げ、胸を張り、背筋を伸ばし、両足を広げて自信のある身体の使い方をしよう。その身体の動きが心の自信を生み出す。

078 好感度コミュニケーション法

プレゼンは左から右へ動くと、自然な感じになる

コミュニケーションにおいて、人に影響を与える要素とその度合いは次のようになっています。

- 言葉　7%
- 話し方・言い方　38%
- 見た目　55%

これは「**メラビアンの法則**」として有名ですね。つまり、外見やパフォーマンスといった「見せ方」はコミュニケーションにおいてはとても大切な要素になるのです。

以前、聴講生として6時間程のセミナーに参加しましたが、そのときの講師の方はずっと椅子に座って淡々と原稿を読みながら話される方だったので、終盤は聞くのが辛くなってきました。

情報の送り手の「見え方」に変化がないので、受け手の身体も心も徐々に固まってしまうのでしょうね。だから、私自身は「見せ方」や「見え方」にも注意して講演会場を大きな身振りを加えながら動き回ります。見せ方というのは相手に大きな影響を与えるのです。

第4章　自分に自信がもてるプレゼン・交渉術

　仕事や商売においては内容や質だけではなく、その「見せ方」にも注意を払うようにしましょう。きっと、お客様の反応が変わってくるはずです。

　また、本書の「はじめに」で「さらに、登壇するときは客席から見て左側から登場して右側で終了するようにします。」と書きましたが、人の視線の左側というのは過去のイメージとつながっています。右側は未来のイメージとつながっています。そのため講演会やセミナー、プレゼンテーションであなたが登場するときには「過去から未来へ」、つまり「左から右へ」移動するほうが自然に受け入れられます。

　もし、終了時に左側に去ると過去に戻ることになり、聴衆に「古いイメージ」を残すことになります。右側の未来に向かうあなたをイメージさせてエンディングにつなげたほうがよいわけです。

　プレゼンで自社商品と競合商品を紹介するときも相手の右側に自社商品を置き、左側に競合商品を置いて説明をするとよいでしょう。自社商品が未来イメージになり、競合商品は過去の古いイメージとすることができるからです。

▎人間心理
　コミュニケーションにおいて外見、見た目の影響度合いは大きな比率を占める。

▎具体的行動
　ビジネスの場ではお客様が好印象やより良いイメージを抱く動作を行い、外見を整えよう。広告や企画書内ではデザイン、図表、書体、写真にも気を配ろう。

079　緊張を和らげる方法

意識がモノに向かうと、緊張が和らぐ

　あなたはプレゼンテーションや会議の席で視線が自分に集まると緊張するタイプですか？
　もし、そうであればひとつ良いテクニックをお教えしましょう。

　視線恐怖症の人は案外多いですよね。
　そんなときは、相手の視線をズラすのです。
　相手の視線をズラすための最も簡単な方法は、
「こちらをご覧ください。」
と言うだけです。
　すると、聞き手の視線が話し手の顔から離れて「こちら」に向きます。

　たとえばプロジェクターを投影しながら、
「こちらをご覧ください」
と言い、スクリーンを指します。
　すると、相手の視線はスクリーンに映し出された画面に向かいます。

もし、プロジェクターが使えない場合はどうするか？
そうしたときは、次のように言えばいいでしょう。
「お手元の資料の3ページめをご覧ください」
すると、聞き手の視線は資料に向かいます。
または、こう言ってもいいでしょう。
「今日は実物をおもちしました。こちらをご覧ください」

このようにして聞き手の視線をズラして説明を行いながら、徐々に自分の普段のペースを取り戻すのです

人間心理
自分ではなく、自分以外のモノやコトに聞き手の視線がずれると緊張が和らいでくる。

具体的行動
話しはじめは、聞き手の意識を自分ではなく、資料やプロジェクターなどに向かうように準備しよう。

080 プレゼンで説得力を高める方法

話す内容よりも、話し方のほうが印象に残る

　落語を聞いていると、話に出てくる長屋の情景や飲食の様子、登場人物の性格などが具体的に頭に浮かんできます。そのたびに噺家さんには感心しますが、あれは「言葉で絵をイメージ」させているからです。

　落語のように、ビジネスの会話やセールストークでも言葉で相手の頭の中に「絵をイメージさせる」ことができると、説得力が出てきます。

　では、どうしたら言葉で相手の頭の中に絵を浮かばせることができるのでしょうか？

　そのテクニックのひとつが、五感を刺激する言葉を会話の中に含めることです。

　特に、視覚を刺激するのが効果的です。会話で視覚を刺激するには、「色」を会話の中で表現することです。

　たとえば、

「今朝、雪が降っていました」よりも、

「今朝、カーテンを開けると、あたり一面が真っ白な雪でおおわれていました」のほうが絵が浮かびやすくなります。

「もうダメだ」よりも、

「もうダメだ。目の前が真っ暗」のほうが絵が浮かびやすい。

「綺麗なピンク色です」よりも、

「満開の桜並木のようなピンク色です」のほうが色の綺麗さがより具体的に伝わりやすくなるのではないでしょうか。

「健康的な肌の色です」よりも、

「南の島でこんがりと焼いたような褐色の肌」のほうが健康的です。

「目に優しい緑色」よりも、

「目に優しい初夏の若葉のような緑です」のほうが目に優しい感じがします。

「昨日、食べたトマトは美味しかった」よりも、

「昨日、食べた夕日のような真っ赤なトマトはみずみずしくておいしかった」のほうが絵が浮かびやすくなります。

メラビアンの法則によれば、コミュニケーションでの影響力は「見た目：55％」「話し方・言い方：38％」「言葉：7％」です。

だから、内容よりも「話し方」にちょっと意識を向けて、会話の中に「色」の要素を含めるとプレゼンや交渉の場での説得力に差が出ます。

人間心理
人は視覚、聴覚、体感覚から情報を取り入れるが、視覚から取り入れる人の割合が一番多くなる。

具体的行動
会話で色や風景描写を取り入れた表現を意識して影響力を高めよう。

081　緊張を和らげる方法

手の甲をトントンと叩くと、緊張が和らぐ

　人前で、それも多くの人の前で話をするとどうしてもあがってしまうという人は案外多いようです。あがりは、上手に話したい、失敗したくないという意識が強まると出てきてしまうもので、自意識が過剰な人ほどあがりやすいと言われます。

　特に、プレゼンテーション、朝礼、会議、発表会の場などであがるという人は多くいます。
　実は、以前の私も極度のあがり症でした。人前に立つと心臓の鼓動が急激に速くなっていくことがよくありました。その速くなった鼓動のリズムを感じて、さらにまたあがるという悪循環でした。
　心臓の鼓動が速くなることで頭に血が上った状態になり、手足が震え、話し方がしどろもどろになっていきます。よって、あがり克服には心臓の鼓動をゆっくりしたリズムに戻すことです。

　そのヒントが、赤ちゃんをあやすお母さんの手です。
　泣いてぐずっている赤ちゃんを安心させたり落ち着かせるために、お母さんがよく背中をトントンします。ゆっくりとやさしいトントンのリズムは、赤ちゃんが胎内にいる頃のお母さんの心音

のぬくもりを感じるからだそうです。落ち着いた状態のお母さんの気持ちに同調するということです。

人間は2つの異なるリズムを刻むことができません。外部から安定したリズムを供給されると、2つのリズムが共存できないため、より安定した外部のリズムに支配されるようになります。

この生理現象は「**引込み現象**」と呼ばれていますが、引込み現象を利用すると人前でドキドキと速くなった心臓の鼓動のリズムを鎮めることができます。

机の下でも演台でもよいのですが、周りから見えないところで自分の右手で左手の甲をやさしく、トン…トン…トン…とゆっくりしたリズムで軽く叩いてみます。しばらくすると、赤ちゃんをあやす効果が現れてきます。

また、メトロノームのようにリズムを刻むスマホ用アプリを使うのもお勧めです。こうしたアプリをダウンロードしてバイブ機能を使えば、一定のリズムを手のひらに伝えてくれます。

試しに私もこうしたアプリを使ってスピーチしてみたことがありますが、手のひらに意識を向けることで落ち着きますし、一定のリズムを感じることで話すリズムも早口にならずに済みました。

人間心理
外部からゆっくりとした一定のリズムを感じると徐々に落ち着きを取り戻せる。

具体的行動
人前で話すときに緊張を和らげるために、トントンと手の甲に一定のリズムを刻んだり、スマホアプリなども活用してみよう。

082 プレゼンでの勝率を上げる方法

3〜4人が同調すると、ウソもホントに変わる

　かつて経験したことで奇妙な共通点に気づかされたことがあります。

　大学入学直後にクラブ活動に勧誘されたとき、3〜4人に取り囲まれて入部を説得されました。

　そして、大学に入り、渋谷の雑居ビルの一室である教材の購入を勧められたことがありました。そのときも3〜4人に囲まれて、話を聞かされました。

　その後社会人になり、自己啓発セミナーの体験コースに参加したことがあったのですが、本コースへの受講について、やはり3〜4人に囲まれて説得されました。

　なぜか3〜4人だったわけですが、実はこれは心理学で説明がつくことだったのです。

　心理学の実験に次のようなものがあります。

　集団の中にひとりの被験者を入れます。その人をAさんとします。Aさん以外のその他の集団構成員は皆「サクラ」です。つまり実験協力者です。

　その集団に対して簡単な問題が提示されます。

第4章　自分に自信がもてるプレゼン・交渉術

　このときにサクラがわざと「間違った答え」を回答します。
　それに続いて集団内のサクラが次々と「間違った答え」に賛同します。
　すると被験者であるＡさんも「みんなの答えは間違っている」と思っていたとしても、他のみんなと同じように「間違った答え」を支持したのでした。

　つまり、他の人の意見に影響を受けてしまったということです。これを「**同調**」といいます。
　そして同調は、賛同する人数が3〜4人のときに効果は最大になることが実験からわかっています。

　3〜4人というのは効果を上げるには良い数字ではないかと思えることがあります。
　20代の頃に勤めていた広告代理店で、上司だった人はクライアント先にメンバー3名と訪問し、プレゼンしていました。優秀な人だったこともありますが、その人のプレゼンだとおおよそ100％の確率で仕事を受注することができました。
　この上司は、経験から3〜4人のチームを組むとコンペに勝てると思っていたのかもしれません。

人間心理
　賛同する人数が3〜4人のときに同調効果は最大になる。

具体的行動
　大事な交渉、プレゼンテーションの場にはひとりで臨むのではなく3〜4人のチームを組んで臨もう。

083 プレゼンでの説得効果を高める方法

最後に総括すると、記憶に残りやすい

 以前、ラジオを聴いていて気づいたことがあります。そのラジオ番組のパーソナリティは、番組終了近くになって、その番組での総括を行っていました。

 改めてゲストの紹介、番組内で話題になったこと、特に印象に残った話などを紹介して終わるのでした。

 それを聴いていて、最後にまとめを入れると記憶に定着しそうだなと思いました。そこからの気づきにより、自分の仕事に2つのことに応用して実践しています。

 ひとつが、資料やレポートをつくり終えた後、最後にもう一度その資料のポイントを箇条書きにしたり要約することで、読み手により強く印象に残りやすくすることです。

 もうひとつが、あるカリスマ講演者も述べられていたことですが、プレゼンをするときや人前で話すときには一通り説明や話をし終えたら、そのまま終了するのではなく、最後にもう一度その日の話のポイントをまとめて紹介して聞き手の記憶に残りやすくするということです。記憶に残るだけでなく、話し手の印象もよくなります。

ドイツの心理学者ヘルマン・エビングハウスによれば、人間は20分経つと42%のことを忘れ、1時間後には56%を忘れるということです。これをグラフで図示したものが「**エビングハウスの忘却曲線**」です。

エビングハウスの説に従えば、資料やレポートの最後にもう一度要点を記すと記憶に残る確率が増えるということです。

また、心理学には「**親近効果**」がありますね。これは、物事の最後、つまり一番現在に近いことが記憶に残りやすいという現象です。

たとえば、デートがいまいち盛り上がらなかったとしても、最後に入ったお店でおいしいものを食べたり、ちょっとした楽しい出来事があったり、別れ際に思いがけずプレゼントをもらったりすると、「けっこう今日は楽しかったな」とポジティブに総括できることが多いようです。

交渉、プレゼン、会議では話の内容はもちろん大切ですが、それだけでは画竜点睛を欠くと言わざるを得ないかもしれません。

最後にもう一度総括するだけで、話の内容も話し手の印象もぐっと良くなります。

人間心理
人の記憶は時間の経過とともに忘却されていくが、現在に最も近いことが記憶に残る。

具体的行動
交渉、プレゼン、会議では、最後に総括を行うようにしよう。

084 相手に好感を抱いてもらう位置取り法

斜め前に座ると、
初対面でも緊張感が薄れる

　相手と良好な関係をつくるうえで、場所という環境が大事になります。どんなに良い話をしたとしても、その場に異臭がしたり、室温が暑すぎたり寒すぎたりしては良いコミュニケーションをとることができません。

　相手と自分の立ち位置や座る位置も重要な環境要素になります。コーチングでは相対して面談する前に「私がこちら側に座るのと、あちら側に座るのとではどちらがよいですか？」と訊いて、座る位置をクライアントに確認します。

　話し相手が自分の右側に座るのか、左側に座るのか、正面に座るのかによって感じ方が変わってきます。

　接客の場や相手と親しくなりたい場面では次の位置取りが基本となります。

- 相手の髪の分け目のある側に自分が立つ、座る。
- かばんや荷物をもっていない、置いていない側に自分が立つ、座る。

　髪の毛で隠している側や荷物を持っている側は無意識に防御している側になります。その方向にあなたが位置取りをすると相手

の警戒心が取れにくくなります。

相手の髪の分け目の側や荷物を置いていない側で、相手とハの字型になる位置やL字型の位置、あるいは少し斜め横の位置に自分が立つ、座るというのが相手との良好な関係のための環境づくりとなります。

ただし、相手を打ち負かしたい、優位に立ちたいという場面では、太陽を背にして相手の正面や右側に位置取りをします。

太陽を背にするとあなたに後光が差しているように見えると同時に、あなたの表情が相手に読み取られにくくなります。

また、「右に出る者はいない」という言葉は「右が優位である」ということを表しているので、相手の右側に自分が位置取りするのも有効です。

試食などを勧める場合にはお客様がすぐに手に取りやすいように、右手の近くに試食品を出すのが基本になります。

人間心理
正面に座ると緊張感が増すが、少し斜め前に座ると緊張感が和らぐ。

具体的行動
テーブルについてする商談などのときには、相手の斜め前などに座ろう。正面に向き合うようにしない。

085 積極派慎重派別コミュニケーション法

性格タイプがわかると、商談の仕方もわかる

　組織内での仕事の仕方は、人それぞれの性格が出るものです。リスクを省みずに目的に向かってまっすぐ突っ走る積極派もいれば、石橋を叩いて渡るようにリスク軽減に注力しながら着実に目標に向かう慎重派もいます。

　前者は目的志向型で、後者は問題回避型です。

　人はそれぞれ独自のフィルターをもっています。上記の例では目的を志向するフィルターをもつ前者と、リスクやトラブルを避けることを志向するフィルターをもつ後者などのタイプがいます。

　目的志向型は目標を明確にしてそこに進むことを楽しむタイプで、問題回避型は問題が起きないようにリスクを抑えながら進むことを好むタイプ。前者は行動が先になるため問題が起きやすいし、後者はリスクを考えすぎてチャンスを逃がすこともあります。

　どちらが良い悪いではなく、人によってこのようなフィルターがあるということです。

　たとえば、目的志向型の人には「前例がないのでやめておこう」「様子を見てリスクを見極めよう」と言っても理解されません。反対に、問題回避型の人に「リスクを考えていては何もできませんよ。とりあえず動きましょう」と言っても賛同を得られません。

話を建設的にまとめようとするなら、相手のフィルターに合った言葉を用いて説明をする必要があります。

たとえば、目的志向型の人には「できる」「手に入る」「得られる」といった言葉を使って説明すると理解されやすくなります。

一方、問題回避型の人には「避ける」「解決する」「リスクを減らす」という言葉を使うと納得してもらいやすくなります。

どんな人も明確に目的志向型と問題回避型に分けられるわけではありませんが、お客様が使う言葉をよく聞いているとその人が目的志向型か問題回避型かがおおよそわかります。

それがわかればその人に適した言葉で接客、セールス、説得を心がけると効果的なコミュニケーションを取ることができます。

たとえば、お客様が目的志向型なら、「ここを乗り越えると目標が実現しますね」「新規客を獲得するためにこのシステムを導入しましょう」「業界ナンバーワンの地位が手に入ります」といった説明が有効になります。

問題回避型であれば、「ここを調整すれば問題を解決することができます」「想定される他社の参入を回避することができます」「このアイデアを実行することがリスクを減らすことつながります」という説明をすると受け入れられやすくなります。

人間心理
人の仕事の仕方のタイプは目的志向型と問題回避型に分かれる。

具体的行動
目的志向型の人には「できる」「手に入る」「得られる」など、問題回避型の人には「避ける」「解決する」「リスクを減らす」などの言葉を使うようにしよう。

第5章

気持ちが明るくなる心理コミュニケーション術

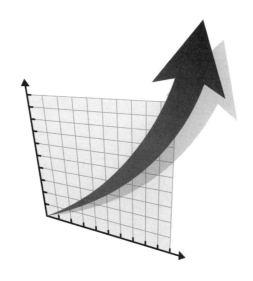

086 効果の高い褒め方

誰かが褒めていたと言われると、嬉しさが増す

　人は褒められると嬉しくなるものです。直接褒められるのもいいですが、「あの人があなたのことを褒めていました」と、「また聞き」で褒められるのを聞くとまた違う嬉しさがあります。

　普通、誰かを褒めるときにはその人に直接言いますが、これを「**レギュラー・コミュニケーション**」といいます。
　それに対して、「また聞き」や人が言ってることを傍らで聞いて、その話の内容から影響を受けることを「**オーバーハード・コミュニケーション**」といいます。
　そして、オーバーハード・コミュニケーションはレギュラー・コミュニケーションよりも、「受け手に受け入れられやすい」と言われています。

　「あなたは仕事ができるね」と直接言われると嬉しい半面で、「いえいえ」と謙遜する気持ちも生まれますが、「あなたは仕事ができると部長が絶賛していたよ」と言われるともっと素直に受け取れますし、ストレートに心に響いてきて嬉しさが増すものです。

あなたがスタッフやお客様を褒めるときにも直接褒めてもいいけれど、オーバーハード・コミュニケーションを利用すると相手はもっと喜ぶことになります。

「あなたがいると社内が華やかになっていい！ と社長が言っていたよ」

「いつも店長があのお客様のセンスは素晴らしいって関心しているんですよ」

「あなたのおかげで会社の人間関係がうまくいっていると部長が言ってたよ」

　このように、相手にオーバーハード・コミュニケーションで伝わるように褒めるとコミュニケーションがより円滑になります。

人間心理
　オーバーハード・コミュニケーションはレギュラー・コミュニケーションよりも素直に受け入れられやすい。

具体的行動
　人を褒めるときに、オーバーハード・コミュニケーションを活用してみよう。

087 いったん拒否したのちに了解する法

「あなただけは特別」と言われると、心地よく感じる

　心理学の実験で次のようなものがあります。男性の被験者が3人の美しい女性A子さん、B子さん、C子さんを順番にデートに誘うように命じられます。

　そのときA子さんは「OK、いいわよ」と答えました。

　B子さんは「予定が入っているの。でも、あなたの頼みだから何とかするわ」と答えました。

　C子さんは「ダメです」と答えました。

　さて、被験者が最も好感を抱いたのは誰だったでしょうか?

　その答えは、B子さんでした。

　B子さんはデートに誘われて最初は断ります。この断りによって男性は自分の欲求(デートしたい!)を抑えなくてはならなくなりました。その欲求は断られたことによって出口がなくなってしまいます。

　ところが次の瞬間に「OK」が出たことによって出口がなく、溜まった欲求が一挙に放出されます。この瞬間に人は快感を覚えるのです。

第5章　気持ちが明るくなる心理コミュニケーション術

　この人間心理をビジネスに応用するとしたらどんな場面があるでしょうか。

　たとえば、お客様からお願いごとをされたら、すぐに「ハイ！」と言うのではなく、一呼吸置いたのちに了解の意を示すといいでしょう。
　Q「来週の水曜までに納品できないかな？」
　A「ちょっと難しいですね。……でも、佐藤さんのお願いだから何とかします」
　Q「もう少し安くならない？」
　A「これ以上は厳しいです。……でも、田中さんのご希望なので何とかしましょう」
　Q「ここを直してくれない？」
　A「納期的にどうしようもありません。……でも、鈴木さんの頼みは断れないなあ」
　Q「明日までに企画書を仕上げてくれないか？」
　A「仕事が詰まっていて難しいです。……でも、課長のためなら頑張ります！」

人間心理
　相手の要求を一度断ってから溜めをつくり、それから了承すると相手はあなたにより一層感謝の念を抱く。

具体的行動
　大切なお客様に依頼をされたときに「ちょっと無理ですね…でも、○○さんのお願いだから引き受けます」といったん断ってから承諾するワザを試しに使ってみよう。

088 相手が思わず喜ぶ会話術

些細なことで気づかうと、相手は喜んでくれる

　人は、会話しているときに些細なことでも覚えてくれているのがわかると、「えっ！　そんなことを覚えていてくれたの。うれしい！」と喜んでくれるものです。このとき大切なのは"そんなこと"です。人は些細な"そんなこと"が、とても嬉しいのです。

　昭和の代表的な宰相・田中角栄氏は、支援者や知人、関係者の家族構成、経歴、趣味嗜好の多くを記憶していたらしく、会話の中で「そういえば君の息子は〇〇年生まれだったから今年高校を卒業するのではなかったか」とか「奥さんは〇〇の出身だったね」と相手の"そんなこと"を口にしていたそうです。"そんなこと"が角栄さんのファンを増やすひとつの要因だったのでしょう。

　コミュニケーションを円滑にするだけでなく、親近感や信頼感を生み出すには、この"そんなこと"を会話の中に織り交ぜるのは有効ですが、お客様や取引先の方々、社内の人たちの"そんなこと"を一人ひとり覚えておくのは簡単なことではありません。

　こうしたとき、コミュニケーション上手の人たちがよく実践しているのが、メモです。会話の最中に、相手の"そんなこと"を手帳やノート、名刺の裏、資料の余白、スマホなどでメモしてい

たりします。

　雑誌や新聞などで独自の手帳術が紹介される、ある大企業の経営者は取引先などとの商談ではその日の話のポイントを黒革の手帳にメモするほかに、そのときに知った商談相手のエピソードも手帳に書き入れておくそうです。そして、その人としばらく後に再びお会いする機会のときに保管している手帳を取り出してあのときどんなことを話したのかを確認し、"そんなこと"を思いがけず披露するそうです。相手は"そんなこと"に驚かれると同時に、世界中の取引先を相手にされている超多忙な方がよく"そんなこと"を覚えていてくださったと感激されるそうです。

　コミュニケーションとは実は会話が上手なことよりも、いかに相手の話をしっかり聞いてあげるかが重要なのです。

　コミュニケーションとは言葉のキャッチボールとも言われますが、まずは相手の言うことをしっかりと胸の前で受け止めてあげることが重要です。極論すれば、話し上手よりも聞き上手のほうが、相手からは感じよく受け止めてもらえます。
　自分からは話す分量が少なくても、相手の言うことをよく聞き、思いがけず"そんなこと"をぽろっと出すだけで円滑なコミュニケーションが成立します。

人間心理
　人は、話し相手が些細なことでも覚えていてくれると嬉しさを感じる。

具体的行動
　相手の"そんなこと"を手帳やノートなどに記録しておこう。

089 お客様をいい気分にさせる方法

いいことありそうと言うと、相手は気分がよくなる

　よくビジネスの現場で「会議に遅れる人はやる気がない」と決めつけられることがあります。
　「会議に遅れる＝やる気がない」という式が成立しているわけですが、一概にこうは言い切れません。
　確信犯でないかぎり、普通の場合はそれなりに遅刻する理由があるものです。

　前の打合せが長引いたり、移動中の電車に遅延が発生したりなど、何らかの不慮の理由があったのかもしれません。
　だから必ずしも、「会議に遅れる＝やる気がない」という式は成立しません。

　これを心理学では「**等価の複合概念**」といいます。
　この理論は仕事に応用できます。たとえば、「今日はいい天気ですね。いいことがありそうですよ」と言えば、「良い天気＝いいことがある」という式になります。一種の暗示です。
　商談前にこういったひと言を相手に投げかけておくと、相手の気持ちの中ではなんとなくいいことがありそうな気がして、あな

たの提案も良いことのように感じるわけです。

　この効果を期待して、私は講演やセミナーの前には参加者の方に向かってこう言うようにしています。
　「今日は本当にいい天気ですね。きっといいことがありますよ！」

人間心理
　いいことがありそうだと言われると、何だか気分がよくなる。
具体的行動
　打ち合わせや交渉の前に、「今日はいいことありそうですね」などとポジティブなフレーズを発することを心がけるようにしよう。

090 簡単に笑顔をつくる方法

前歯を見せて笑顔をつくると、印象良く見える

　第一印象は一生変わらないと言う心理学者がいます。

　初対面の相手に最初に会ったその瞬間のイメージが、その後の商談や仕事の進捗に影響を与えます。最初に「何かとっつきにくい人だな」と思われたら、その印象を消し去ることは難しいわけです。これは「**初頭効果**」ですね。

　だから、第一印象を良くすることはかなり重要です。そのための一番の基本は「笑顔を見せること」です。

　世界的ベストセラー＆ロングセラー『人を動かす』の著者として有名なデール・カーネギーも次のように言っています。

　　「笑顔は1ドルの元手もいらないが、100万ドルの価値を生み出してくれる」

　ただ、初対面の人にいきなり最初に笑顔を見せることは慣れないうちは案外難しいものです。

　そこで私が行っている方法が、「相手に前歯を見せること」です。私のフェイスブックやブログの写真を見て、「酒井さんはいつも笑顔ですね」と言われることが多いのですが、実はSNSに写真をアップするときも初対面の人と会うときも、私は笑うというよ

りは「前歯を見せる」という単純作業を行っているだけです。そうすると、相手には笑っているように見えます。

こちらが前歯を出して笑っている(ように見える)と、相手もホッとします。

反対にこちらが緊張感いっぱいの顔で挨拶をすると相手は身構えますから、その人の表情も固くなります。相手の固い表情を目の当たりするから余計にこちらも緊張するのです。

「相手に前歯を見せる」ことでリラックス効果を生む方法は、テレビでアイドルの笑顔を見ていて思いつきました。「テレビに映っているときに常にニコニコしていられるのはなんでだろう?」と不思議に思って、彼女たちの表情をじっと見ていたら、「口を開けて歯を見せているだけなんだ」ということに気づきました。

そして、このように上の前歯を見せて下の歯を唇で隠してニッと笑う笑顔を「ハリウッド・スマイル」と言い、人を魅了する笑顔をつくるコツだということをあとで知りました。

「私の第一印象は良くないみたい」と悩んでいる人は、相手に「前歯を見せる」ことを意識してみてください。きっとあなたの第一印象がぐっと良くなります。

人間心理
笑顔を見せることで相手は印象良く受け止め、そのことで自分もリラックスする。

具体的行動
第一印象に悩む人は無理に笑顔をつくるのではなく、相手に「前歯を見せる」ように意識するとよい。

091　苦手な相手の克服法

苦手な相手の滑稽な姿を想像すると、抵抗感が消える

　お客様の中には気難しかったり、高圧な態度だったりする人もいるでしょう。そうしたお客様だと、どうしても及び腰になり、訪問回数も少なくなりかねません。

　そんなときに有効なのが、「**サブモダリティ・チェンジ**」と呼ばれる、相手のイメージを好意的に変える方法です。

　まず、目を閉じて、目の前に大きなスクリーンをイメージします。そこに苦手な相手を映し出します。そして、その相手の表情（視覚）や話し方（音）などを面白おかしく変えてみます。

　たとえば、相手の鼻の下にバカボンのパパのように鼻毛を描いてみます。あるいは顔を横に引き伸ばして変顔にしてみたりします。ほっぺたに赤いうずまきを描いてもいいでしょう。スクリーンそのものの色をモノクロにしたり、小さくしてみましょう。

　こうして、苦手な相手をパロディ風に変えてみると、抵抗感が下がってきますが、どうでしょう。

　また、相手の話し方（音）も面白く変えてみましょう。

　たとえば、相手の声をヘリウムガスを使ってアヒルのような声に変えてみたと想像してみましょう。頭の中で楽しい音楽を流してみるのもいいでしょう。

第5章　気持ちが明るくなる心理コミュニケーション術

　そして、相手に「ぼく、ドラえもん。よろしく！」などと言わせてみましょう。
　たった、これだけです。これだけで相手に対する抵抗感、圧迫感が下がります。
　嘘だと思わずに試してみてください。何度かこの作業を行ってから実際に相手に会ってみると、自分の心がいつもと違うことに気がつくはずです。
　「人に会うとき、もし臆するならば、その相手が夫人とふざけるさまはどのようなものか想像してみよ」と言ったのは坂本龍馬です。
　苦手な相手を「この人も普通の人じゃないか！」と変えるための誰にでも使える簡単な方法です。
　もう一歩進んで、苦手な相手を思い浮かべながら好きな香りを嗅ぐという方法もあります。これは相手のイメージを良い感覚につなげて記憶させる方法です。
　記憶やイメージというのは映像と音と感覚で保存されていますが、それはパソコンやタブレットと同様に新しいデータが上書きされます。
　よって、相手のイメージを映像と音と感覚で心地よいもの、楽しいもので上書きすればよいのです。

人間心理
　人の記憶やイメージというのは映像と音と感覚で保存される。

具体的行動
　苦手な相手を面白おかしく頭の中で変えてみよう。

092 視点を変えて相手の心を読む方法

違った視点から見ると、ひらめきが生まれる

　人間心理とコミュニケーションに関する学問としてビジネスの現場で活用されている「NLP（神経言語プログラミング）」に、「ポジションチェンジ」というワークがあります。

　これは、自分のポジション（居る場所）を変えることで、相手の見方や感じ方が客観的にわかってくるトレーニングです。その方法は次のとおりです。

　右上の図を見てください
　「I」は私です。そして、たとえば私にはコミュニケーションを上手に取りたいけれど、うまく取れていない相手がいるとします。ここでは仮に上司としましょう。
　その上司が「You」になります。「Meta」は「I」と「You」を眺める第三者。「We」はアドバイザーです。

　まず、私は「I」の位置に立ちます。
　そして上司が「You」の位置に居ると想像しながら、私は自分の思い、意見、考えを相手の「You」に伝えます。このときに自分の思いや意見は口の中でモゴモゴと言うだけでOKです。

第5章　気持ちが明るくなる心理コミュニケーション術

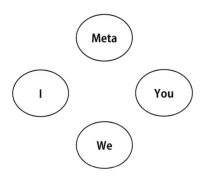

　次に私は「You」の位置に移動します。そして、「You」の立場や気持ちになりきります。そして「You」の思い、意見、考えを口にして「I」に伝えます。

　その後、私は「Meta」の位置に移動します。この位置では「I」と「You」のそれぞれの意見を俯瞰します。「I」と「you」の2人を眺めながら、お互いの関係を見て、言い分を聞きます。

　それから私は「We」の位置に移動します。ここでは私は「We」になり、「I」と「You」の間に良好な関係を築くためのアドバイスを行います。

　「I」「You」「Meta」の位置で感じたこと、気付いたことを通して、「I」に対して「We」はアドバイスを行います。

　ポジションチェンジのおおまかな流れはこのような感じになりますが、実際に自分の立ち位置を変えながらこのトレーニングを行うと、「I」「You」「Meta」「We」のそれぞれの位置での考え方、見方、感じ方の違いを実感することができます。

よく、視野を広げよう、視点を変えてみよう、さまざまな視点をもとう……などと言われますが、私たちは日常の生活の中でほとんど毎日同じ視点から物事を見ています。
　そして、気づかないうちにその「自分独自の視点」が唯一の正解だと思い込んでいます。
　私たちはいつも同じ席に座り、同じ視点の高さで、同じ視界の世界を見ることが多いのですが、ときには意識的に座る席を変える、高いところに登ってみる、低い位置から見てみる、左や右に身体を動かして視点の位置を変えてみると、思いがけないひらめきや感情が生まれます。
　なぜなら、心や気持ちは身体の移動に大きな影響を受けるからです。

　先に述べたポジションチェンジによる単純な身体の移動＝視点の変化を行うだけでも多くの気づきがあります。
　興味のある方はこのポジションチェンジを自分と上司や部下の立場、自分とお客様の立場、自分と家族の立場、自分と友人の立場で入れ替えて実際に行ってみてください。
　視点の位置を変えてみると、見えるもの、聞こえる音、感じるものが変化することを実感できます。

　そして、すでにおわかりのとおり、ポジションチェンジはひとり芝居です。
　「I」「You」「Meta」「We」であなたが口にする思い、意見、考えはすべて「自分の思い」「自分の意見」「自分の考え」ですが、そこに問題解決のための解決策やヒント、突破口が見つかりま

第5章　気持ちが明るくなる心理コミュニケーション術

す。
　つまり、問題解決の答えはすでに自分の中に存在している、ということです。

　視点を変えて視野を広げれば、それまで見えていなかったもの、聞こえていなかった言葉、感じることのできなかった感覚がわかるようになる、そのすべての能力は自分の中にある、ということです。壁にぶつかったとき、解決策の見えないとき、どうしていいかわからないときにポジションチェンジを試してみてください。きっと解決の糸口が発見できます。

　余談ですが我が家では食卓での座る位置をたまに変えています。こんなことでも気づくことや発見することが多いことに驚きます。
　あなたにもふらっと散歩や旅行に出かけてアイデアが浮かんだ経験があるはずです。これも視点が変わったからです。
　いつも座る社内の位置、いつも立っている店内の場所を少し変えて視点を変えだけでも気づくことが多くなるはずです。

人間心理
　壁にぶつかったとき、解決策の見えないとき、どうしていいかわからないときに、人は往々にして視点が固まり、視野が狭くなっている。

具体的行動
　ポジションチェンジを通して、あるいは普段の自分の座る位置、立ち位置、環境を変えて、普段とは違う感じ方を体験してみよう。

093 ものの見方をポジティブに変える法

認識の捉え方で、物事は良くも悪くも変わる

　人のモノの見方、感じ方、捉え方のことを「**フレーム**」といいます。そして、そのフレームを変えることを「**リフレーミング**」といいます。同じ状態に遭遇してもリフレーミングすることで思考、感情、行動に変化が出てきます。

　たとえば、出がけに雨が降ってきたときに「こんな大事な日になんてことだ」とイライラするのもひとつのフレーム、「雨か。じゃあ、新しいレインブーツを履いていこう」とウキウキするのもひとつのフレームです。

　得意先からのミスについての剣幕に「あんなに怒鳴りつけなくてもいいじゃないか！」と怒りが湧いてくるのもひとつのフレーム、「あんなに怒らせてしまった。次回はしっかりリカバリーしよう」と前向きに考えるのもひとつのフレームです。

　出来事にどう反応するかはその人がもっている普段の思考のクセです。クセは意識して変えることにより、新しい習慣になります。出来事は変えられませんが、受け止め方はリフレーミングすることで変えられます。

　認識を変えることで物事を良くも悪くも変えられることを教えてくれる有名な逸話があります。

第5章　気持ちが明るくなる心理コミュニケーション術

　南の島に靴を売りにいった2人のセールスマンの話です。ひとりは誰も靴を履いていないのでここでは商売にならないと引き返します。もうひとりは靴を履いてない人ばかりの宝の山の島だと喜んでセールスしようと動悸づけられる話です。

　受け止め方が変わると感情や行動が変わり、現れる結果が人によって変わることを示唆する逸話です。

　ここで少しリフレーミングの練習をしてみましょう。「あきっぽい」という性格は「好奇心が旺盛」「物事にこだわらない」「チャレンジャーである」とリフレーミングすることができます。

　では、次のことをリフレーミングしてみてください。
・私はおしゃべりなんです。
・私は神経が細かすぎるのです。
・私は優柔不断です。
・私は消極的なのです。
・私は性格が暗いのです。

　これをリフレーミングすると、次のように変えられます。
・頭の回転が早い
・気配りができる
・慎重
・でしゃばらない
・落ち着いている

人間心理
ネガティブなこともポジティブな見方に変えると感情や行動も変わる。

具体的行動
ピンチのときにはリフレーミングして思考や言動を良い方向に変えよう。

094 少数意見を通す方法

現実味のある意見を繰り返すと、周囲はそれを信じ出す

　会議などでは多数決は総意として尊重され、「多くのみんなの意見」が重視されます。では、ひとりあるいは少数派の意見を会議で「通す」にはどうしたらよいでしょうか。

　少数派の意見が多数派に影響を与える方法には2つあります。

　そのひとつが「**ホランダーの方略**」です。これは、これまでにその集団に大きく貢献した、利益を与えた、あるいは実績のあるひとりの人間の意見が多数派に影響を与えるというものです。

　つまり、今までにさまざまな企画を提案して会社やお店に多大な貢献をしてきた人や、過去に会社のピンチを何度となく救った救世主、お店に上得意様を引き寄せ続けている看板娘的なひとりの人間の意見が社内の多数派の意見に影響を与えるということです。

　そのため、普段からきちんと仕事をして会社に貢献しているのであれば、たとえ少数意見であってもその人の考えは支持されやすくなります。

　そして、もうひとつの方法が「**モスコビッチの方略**」です。これは、これまで会社やお店に多大な貢献をしたという実績のない人が採る方法です。どのような方法論だと思いますか。

第5章　気持ちが明るくなる心理コミュニケーション術

　それは、「自分の意見を何度も繰り返し言い続けること」です。何度却下されたり反対されても、「この企画は絶対にお客様に喜ばれるはずです！」と毎回繰り返すことで、周囲の人に「もしかしたら彼（彼女）の言っていることは正しいのかもしれない……」という気持ちが生まれます。
　これにより最初は少数派であった意見も徐々に影響力をもちはじめ、最終的には多数派に大きな影響を与えることになります。
　小泉純一郎元総理が一貫して言い続けた「郵政民営化」も最初は少数意見でした。しかし、常に同じメッセージを送り続けることで反対勢力も巻き込む大きな影響力をもつことになりました。

　ただし、主張することはそれなりの根拠を示さないと自分本位の意見として受け流されてしまい、しまいには「しつこい」と一喝されて終わりです。
　そしてカギとなるのは、「現実味のある一貫性」です。それがはっきりしていることで、周囲の空気を覆すことができるのです。

人間心理
　実力者の意見には多くの人が従いやすい（ホランダーの方略）。また、現実味のある主張を一貫性して述べ続けることで周囲の空気が覆る（モスコビッチの方略）。

具体的行動
　どうしても実現したい考えがあるが少数意見であり、かつその人に信頼と実績がない場合には繰り返し同じ意見を述べ続けよう。

095 矛盾を正当化しないための考え方

人は矛盾を感じると、不快感を覚える

　心理学用語に「**認知的不協和**」があります。アメリカの社会心理学者レオン・フェスティンガーによって提唱されました。これは、たとえば喫煙者がタバコは身体に毒だと思うときのように、矛盾する事柄を同時に抱えたときに起こる不快感情のことです。

　認知的不協和の状態にあると、その不快状態を回避するために矛盾する物事を否定するか、自分の態度や行動を変更しようとします。

　認知的不協和の根拠を得るために、フェスティンガーは次のような実験を行いました。単調な作業を行わせた学生に対して報酬を支払います。報酬は少ない学生と多い学生に分けます。

　そして、彼らの次に同じ作業をする学生にその作業の楽しさを伝えさせました。

　すると報酬が少ない学生は、報酬が多い学生よりも次に作業をする予定の学生に楽しさを伝える度合いが強くなりました。

　これは仕事に対して割に合わない少ない報酬に対して「本当はこの仕事は面白かったのかもしれない」と、自分の認知に修正を加えて不協和を解消しようとする心理が強く働いていると考えら

れます。

この結果は意外に思うかもしれませんが、身の回りにこうしたことはいくつもあったりします。
- 客観的には利益を全然生んでいないのに、その事業に投資し続ける頑固な経営者
- 生産性が上がらない仕事をひたすらやり続ける真面目な従業員

これらは客観的には「マイナス」要因なことを「一生懸命やり続けている」わけですが、これは普通に考えるとおかしいです。
どこかでバランスを取らないと「マイナス」なことを継続することはできないはずです。
それを継続するために、人は心理的な「やりがい」「楽しみ」「意義」を創造して、プラスの要因を作り出して、行動に均衡を保っているのです。

人間心理
人は心身のバランスを保つために客観的には意義のない仕事であっても、価値ややりがいを見出すことがある。

具体的行動
結果が出ていないのに自分の仕事内容を正当化していないか点検してみよう。

096 成功要因と失敗要因の判断法

人の成功を見ると、
周囲は運のせいにする

　私たちの身の周りに起こる問題は多くの場合、次の4つの要素から原因を見出そうとする傾向があります。
（1）能力　（2）努力　（3）難易度　（4）運

　たとえば、ある人がある大きな契約を受注したとします。そのとき、私たちは次のように原因を考えます。
（1）能力…プレゼン能力が高いから仕事が受注できた。
（2）努力…顧客に何度も通い詰めていたから受注できた。
（3）難易度…この仕事は誰がやっても通った企画だ。
（4）運…たまたま。ラッキーだった。

　そして面白いことに、今回仕事を受注した本人はその原因を「能力」や「努力」に求めようとします。そして、周囲は「難易度」や「運」にその原因を求めようとします。

　もちろん、すべてのケースにこれらの分類が当てはまるわけではありませんが、本人の能力や努力は周囲の人には客観的に理解しづらいため、周囲の人はその原因を「難易度」や「運」に求めがちになるのです。

そして、本人が今回の契約の受注に失敗した場合にはこれらのことが逆転するのです。本人は「難易度」や「運」に原因を求めて、「今回はもともとウチの会社で受注するにはレベルが高すぎたのだ」「競合は今回うまくやったな。私はツイてなかった」と考えることが多くなります。

　一方、周囲の人は「力がないな」とか「努力が足りないんじゃないか」といったことに原因を求めるのです。

　ということはあなたの部下やスタッフ、あるいは取引先の担当者が何かに成功したときに、「今回はまぐれでした」と謙遜した場合には、あなたはどのように相づちを打てばよいでしょうか？

　100％まぐれだったとしても、「いやいや普段のあなたの努力の賜物ですよ」と相手の能力や努力を認めてあげると相手は喜び、円滑なコミュニケーションが取れます。

　仮に失敗した場合には、「今回はツイてなかったですね。あとひと工夫差だったと思いますよ」というように運やほんのちょっとの努力の差だったことを含めた慰めの言葉をかけるといいでしょう。

　こんなちょっとした人の心理を理解して、コミュニケーションを図ることはビジネスに結構役立つものです。

人間心理
　人は仕事の成功要因を能力、努力、難易度、運に求める。

具体的行動
　相手が成功したときには能力と努力を称え、失敗したときには難易度と運にその原因を求めて励ますようにしよう。

097 集団の中で手抜きさせない方法

人は集団になるほど、手抜きをしたくなる

「**社会的手抜き**」という心理学用語があります。

これは、人は集団になると「自分がやらなくてもいいや」とか「これだけ人数がいるのだから自分は手を抜いてもいいだろう」という意識をもちやすいという理論です。

実際に「綱引き実験」という実験が行われたことがありますが、その実験によると次のことが報告されています。

- 綱を2人で引く場合には筋力の93%を発揮する。
- 綱を3人で引く場合には筋力の85%を発揮する。
- 綱を8人で引く場合には筋力の49%を発揮する。

つまり、人数が少ないときほどひとりの人間は大きな力を発揮し、多くなればなるほど手抜きが発生する、ということです。

人は集団になればなるほど「自分のことである」「自分の問題である」「自分に関係する出来事である」と明確に意識させないと、力も実力も行動も発揮されないのです。

だから、会社でもお店でも人数が増えてきた場合には、皆に向かって「みんなで会社のためにがんばろう」と伝えても、「自分

は少し手を抜いてもいいだろう」と考える可能性があります。

　そのため、「佐藤さんには〇〇を期待しています」「吉田君には〇〇を実現してほしい」「営業部には〇〇を達成してほしい」という絞り込みをして、一人ひとりに訴求したほうが効果的ということになります。

人間心理
　人は集団になると手抜きが発生しやすくなる。

具体的行動
　集団が大きくなってきたら全員に向けてメッセージを伝えるのではなく、一人ひとりに個別に要求を伝えよう。

098　自社の評価を正しく知る法

自社よりもお客様のほうが、自社の良さがわかっている

　人というのは生まれてから死ぬまで、一度もリアルタイムで自分では自分の外見、声、表情、姿勢、態度、エネルギーをありのままに観察することができません。

　それなのに、人は自分が自分のことを一番わかっているように思いがちです。しかし、本当に自分のことをわかっているのは、客観的に観察ができる周りの人だったりします。

　これは、商売やビジネスも同じです。自分では、自社の商品や自店のサービスが評価されているのだと思っていても、お客様は意外にあなたの人柄やお店の雰囲気が気に入ってファンになってくださっている可能性もあります。

　自分ではセールスポイントや特長だと思っていたことが、まったく的外れであることもあるのです。

　反対に、自分では気がつかなかった意外なウリが見つかることも多々あるのです。

　もし、あなた自身やあなたの仕事ぶり、あるいはあなたの会社やお店や商品に対してお客様からあなたが思ってもいなかったこ

第5章　気持ちが明るくなる心理コミュニケーション術

とを3回以上褒められたことがあるとしたら、それは客観的なあなたの強みや特徴である可能性が非常に高いといえます。

たとえば、あなたは自店の強みを「味」だと思っていたとします。でも、異なるお客様から3回以上「あなたのお店のスタッフの笑顔はとても素敵ですね。いつもここに来るとみんなが親切なのでとても居心地がいいんです！」と言われたとしましょう。

この場合、あなたがこれからお店を訴求するポイントは「味」だけではなく「お店の接客態度の良さ」であるということです。

そこが他店との強力な差別化要因になります。自分や会社やお店が支持されているのか、支持されていないのか、案外、一番わかっていないのは自分、自社、自店であったりします。

そこで重要なことが、自社そのものや自社の商品・サービスについてお客様に客観的な視点で訊いてみることです。「顧客起点」による自社の評価を知ることです。

「当社の何をお気に入りくださって、利用していただいているのでしょうか？」などと、自社、自店に対するお客様の声、取引先の声を「素直」に聞いてみましょう。

一番、あなたやあなたの商品、会社、お店をよく観察しているのはお客様なのです。

人間心理
人は自分のことを意外に知らないものである。

具体的行動
自社の商品・サービスについて、顧客起点で評価を訊いてみよう。

099　ビジネスの原則

小さなことを積み重ねることで、ビジネスはうまくいく

　真冬の青森県八戸市に講演に伺ったときの話です。

　八戸駅のエスカレータで地上階に下りると、エスカレータ降り場の真正面にひとりの女性が立っています。彼女は両手を前に差し出して立っていました。

　「彼女はいったい何をしているのだろう？　こんな寒風の中で立ちすくんで……」と私は興味をもって近寄りました。すると、彼女はたくさんの割れたせんべいが入った器を持っていることがわかりました。

　すかさず彼女は「よかったらどうぞ」と言ってその器を差し出したので、そのひとかけらを取って口に入れました。

　「いつもここに立っているの？」と私は彼女に訊きました。

　「はい。お店はあそこです。よかったら寄ってください」

　彼女の指差す方向を見るとそこには小さなおせんべい屋の看板がありました。そのお店は駅とその日の宿泊予定のホテルのちょうど中間地点。

　そのときに私が思ったのは、東京から今晩合流する2人のビジネスマンのことでした。彼らへのお土産にいいかもと、そのお店で3つ買うことにしました。

第5章　気持ちが明るくなる心理コミュニケーション術

彼女は新幹線の到着時刻に合わせて寒風の中、いつも八戸駅のエスカレータ下で待っているとのこと。新幹線が新青森駅まで延長されたため、八戸駅での乗降客数が減っているそうですが、彼女は「何か自分でできることはないだろうか？」と思い、「今」の「自分」が「できること」を「考え」て、それを「ひとつ」ずつ「実行」しているのだそうです。

もし彼女があの場所に立って居なかったら、もし彼女がもっていた割れたせんべいを食べなかったら、間違いなく私はそのお店に入っていないでしょう。

「割れたせんべいを食べた人のうち、だいたい何割の人がお店に行くの？」と彼女に訊いたところ、ほとんどの人がお店に立ち寄ってくれるとのことでした。

以前私はビジネスの師匠にこう言われたことがあります。

「商売は百分の一の積み重ねです。小さなことを積み重ねることでビジネスはうまくいくのです」と。

これこそビジネスの原則だと思います。その原則を、八戸の彼女は自然に実践していたというわけです。

人間心理
「自分にできることはないか？」と考え始めると自然に行動も変わる。

具体的行動
自分から課題を見つけて、それを解決するための行動を積み重ねていこう。

100 自分ごとだと気づかせて購買喚起する法

「自分のことかな?」と思うと、欲しくなる

　相手の気持ちの中に「おやっ?」と思わせる言葉や問いかけを利用して相手の関心を引くことを、心理学では「**ピーク・テクニック**」といいます。ピークは「好奇心をそそる」という意味です。

　相手に何かを伝えるためには「伝える」前に、まず好奇心をそそる、興味を抱かせる、関心をもたせることが必要なのです。

　このことはマーケティングや広告関連の書籍に必ず登場する古典的な理論であるAIDMA理論(米国の実務家サミュエル・ローランド・ホールが提唱した「消費行動」の仮説理論)とも合致しています。

　AIDMA理論とはAttention(注意喚起)→Interest(興味)→Desire(欲求)→Memory(記憶)→Action(購買)という、人が購買行動に至るための心理プロセスを表すものですが、最初の段階がAttention(注意喚起)です。まず注意が喚起されて、その後に興味へとつながるのです。

　たとえば、通りを歩いているときに見知らぬ人に「アンケートにご協力ください!」と声をかけられることがあります。

　たいていの場合、これで足を止めてアンケートに協力する人はなかなかいません。

第5章　気持ちが明るくなる心理コミュニケーション術

しかし、もしあなたが通りを歩いていていきなり、「この町にショッピングセンターを誘致する話があるのですが、短時間ですのでアンケートにお答えいただけませんか?」と言われたらどうするでしょうか?

ビジネスの場ではどうしても「説得する」ことに主眼を置きがちです。でも、相手に対して話をする、説明する、説得する前にまずは注意や興味の喚起が必要です。

これは本の書名や帯の広告文などでもよく使われる手法ですが、広告やチラシなどでも日常的に活用されています。

害虫駆除のチラシにこんなのがありました。

「シロアリは知らない間にあなたの大切な家を破壊しています」
「シロアリの被害はこんなに甚大です」

というキャッチコピーとともに写真が添えられています。

ふだん、シロアリの被害など考えなかった人がここで気づきを得ることになります。

そして、次のようなキャッチコピーが続きます。

「あなたの家は大丈夫ですか!?」
「無料点検実施中!　お気軽にお問い合わせください」

まずはお客様に自分ごとだと気づいていただき、「早く対応しないと」と思ってくれることで行動を促す流れをつくるのです。

人間心理
人は自分のことだと気づいた瞬間に一気に関心が湧く。

具体的行動
顧客の興味関心は何かを深く考えてみよう。

おわりに
　── 人生で最高に強いもの

　心理学者R・ディルツ博士の提唱する「ニューロ・ロジカル・レベルの意識の5階層」という考え方があります。
　これは、人間の意識には次の図のように5階層があり、一番人生に影響を与えるのは最上位にある自己認識だという考え方です。

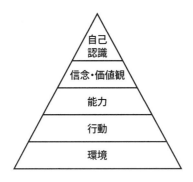

　自己認識、つまり自分で自分のことをどう思っているか、認識しているか、思い込んでいるかが、その人の価値観や能力、行動、そして環境にも大きな影響を与える、ということです。

　この論に立てば、「私にはそれはできない」という認識があれば、それが信念となり、能力と行動を左右し、そのとおりの環境が生まれます。
　「私は運が強い」という認識があれば、それが信念となり、能

力と行動を左右し、そのとおりの環境が生まれます。
「俺はスーパースターだ」
「私はトップセールスだ」
「豆腐を一丁二丁と数えるように、一兆二兆と稼ぐ会社にするのは私だ」
という強い自己認識は、やがて信念となり、その人の能力と行動を左右し、そのとおりの環境が生まれるということです。
成功哲学で有名なナポレオン・ヒル博士も次のように言っています。

「あなたの能力に限界を加えるものは、他ならぬあなた自身の思い込みなのです」

根拠のない思い込みが最強だからこそ、私はこうみなさんにお伝えします。
「あなたは運が強い」
「あなたは優秀だ」
そして、
「あなたならきっとできる！」

酒井とし夫

■**参考文献**（順不同）

『影響力の武器［第二版］―なぜ、人は動かされるのか』 ロバート・B・チャルディーニ著、社会行動研究会訳、誠信書房

『相手を思いのままに「心理操作」できる！―常に自分が優位に立つための「応用力」』 デヴィッド・リーバーマン著、齊藤勇訳、三笠書房

『広告マーケティング21の原則』 クロード.C.ホプキンス著、臼井茂之/小片啓輔監修、伊東奈美子訳、翔泳社

『また、売れちゃった！～一瞬で顧客の心をツカむ！ 売上5倍を達成する凄ワザ88』 河瀬和幸著、ダイヤモンド社

『夢を"勝手に"かなえる自己洗脳』 三宅裕之著、マガジンハウス

『その科学が成功を決める』 リチャード・ワイズマン著、木村博江訳、文春文庫

『元FBI捜査官が教える「心を支配する」方法』 ジャック・シェーハー/マーヴィン・カーリンズ著、栗木さつき訳、大和書房

『客家大富豪の教え』 甘粕正著、PHP研究所

『説得と影響―交渉のための社会心理学』 榊博文著、ブレーン出版

『実務入門 NLPの基本がわかる本』 山崎啓支著、日本能率協会マネジメントセンター

『人を動かす』 デール・カーネギー著、山口博訳、創元社

『マジシャンだけが知っている最強の心理戦術』 スティーブ・コーエン著、宮原育子訳、ディスカヴァー・トゥエンティワン

『スタンフォードの自分を変える教室』 ケリー・マクゴニガル著、神崎朗子訳、大和書房

『人を引きつけ、人を動かす きらりと輝く人になるコミュニケーション・テクニック70』 レイル・ラウンデス著、小林由香利訳、阪急コミュニケーションズ

『「影響言語」で人を動かす』 シェリー・ローズ・シャーベイ、上地明彦監訳、本山晶子訳、実務教育出版

『人の心を一瞬でつかむ方法 人を惹きつけて離さない「強さ」と「温かさ」の心理学』 ジョン・ネフィンジャー/マシュー・コフート著、熊谷小百合訳、あさ出版

『心を上手に透視する方法』 トルステン・ハーフェナー著、福原美穂子訳、サンマーク出版

『予想どおりに不合理 行動経済学が明かす「あなたがそれを選ぶわけ」』 ダン・アリエリー著、熊谷淳子訳、早川書房

『心理戦で必ず勝てる人たらし魔術』 内藤誼人著、PHP研究所

読者特典

本書をお読みいただいたあなたに感謝の気持ちを込めて、売上アップ、集客、セールス、販売促進、ビジネスコミュニケーションにすぐに役立つ下記のビジネスセミナー動画をプレゼントします

●商売繁盛ビジネス心理学（約1時間30分）
●小・個人企業が勝つ！ 商売の公式（約1時間30分）

セミナー動画の視聴をご希望の方は下記にアクセスしてください。

https://ssl.middleage.jp/mark100/

▼酒井とし夫公式LINE
LINE ID: @toshio3

LINEに登録すると下記をすべて視聴・閲覧できます。
①小さな会社やお店のオンライン活用法
②集客、販促、広告アイデア100選
③商売の公式！小さな会社やお店の戦い方
その他、全10本以上のビジネス動画

■酒井とし夫講演会の詳細は〔酒井とし夫公式〕で検索してください。

酒井とし夫(さかい としお)
ファーストアドバンテージ有限会社代表取締役
プロ講演家(年間講演依頼100本超)、ランチェスター経営認定講師、米国NLP心理学協会認定ビジネスマスター、米国NLPプラクティショナー、米国NLPコーチ、GCSコーチングコーチ、コミュニケーション心理学マスター、LABプロファイル・プラクティショナー有資格者。
1962年4月10日生。B型。新潟在住。立教大学社会学部卒。28歳で独立し広告制作会社を設立。以降、モデル派遣、撮影ディレクション、アイデア商品販売、キャラクターグッズ販売、露天商、パソコン家庭教師派遣、パソコン教室等数々のビジネスを立ち上げる。40歳で事業に失敗し無職、無収入となり、さらに全治6ヵ月の絶対安静で長期入院をするも、再起業してビジネス電子書籍、CD、セミナーDVDを5年間で1万3900本以上販売し1年で1人で1億円を売り上げる。現在、日本全国の商工会議所、商工会、行政団体、上場企業から年間100本以上の講演依頼を受ける人気講師として活躍中。

著書:『売り上げが3倍上がる!販促のコツ48』『売れるキャッチコピーがスラスラ書ける本』『小さな会社が低予算ですぐできる広告宣伝心理術』『もっと成果を出すための 売れる営業のルール』(以上、日本能率協会マネジメントセンター)、『どん底からの大逆転!』(太陽出版)

酒井とし夫公式サイト
https://ssl.middleage.jp/sakaitoshio/

心理マーケティング100の法則

2018年 3月30日 初版第 1 刷発行
2025年 7月 5日   第13刷発行

著　者——酒井とし夫　© 2018 Toshio Sakai
発行者——張　士洛
発行所——日本能率協会マネジメントセンター
〒103-6009 東京都中央区日本橋2-7-1　東京日本橋タワー
TEL 03(6362)4339(編集)／03(6362)4558(販売)
FAX 03(3272)8127(編集・販売)
https://www.jmam.co.jp/

装　丁——冨澤　崇(EBranch)
本文DTP——株式会社森の印刷屋
印刷所———シナノ書籍印刷株式会社
製本所———株式会社新寿堂

本書の内容の一部または全部を無断で複写複製(コピー)することは、法律で認められた場合を除き、著作者および出版者の権利の侵害となりますので、あらかじめ小社あて許諾を求めてください。

ISBN 978-4-8207-1993-9　C2034
落丁・乱丁はおとりかえします。
PRINTED IN JAPAN